"互联网+"背景下的电子商务研究

倪红耀 ◎ 著

吉林大学出版社
·长春·

图书在版编目(CIP)数据

"互联网＋"背景下的电子商务研究 / 倪红耀著. -- 长春：吉林大学出版社，2023.3
ISBN 978-7-5768-1544-3

Ⅰ.①互… Ⅱ.①倪… Ⅲ.①电子商务－研究 Ⅳ.①F713.36

中国国家版本馆 CIP 数据核字(2023)第 049217 号

书　　　名	"互联网＋"背景下的电子商务研究
	"HULIANWANG＋"BEIJING XIA DE DIANZI SHANGWU YANJIU
作　　　者	倪红耀
策划编辑	张维波
责任编辑	王宁宁
责任校对	王　蕾
装帧设计	繁华教育
出版发行	吉林大学出版社
社　　　址	长春市人民大街 4059 号
邮政编码	130021
发行电话	0431-89580028/29/21
网　　　址	http://www.jlup.com.cn
电子邮箱	jldxcbs@sina.com
印　　　刷	三河市腾飞印务有限公司
开　　　本	787×1092　1/16
印　　　张	12.5
字　　　数	230 千字
版　　　次	2023 年 3 月　第 1 版
印　　　次	2023 年 3 月　第 1 次
书　　　号	ISBN 978-7-5768-1544-3
定　　　价	78.00 元

版权所有　翻印必究

前言 PREFACE

随着经济水平的稳步提升、科学技术的快速发展以及互联网技术的广泛普及,我国的经济和商业模式均发生了很大变化,尤为明显的一点体现在"互联网+"时代的到来。随着国家"互联网+"行动计划的实施和移动互联网、云计算、大数据、虚拟现实与增强现实、人工智能等技术的应用,电子商务迎来了新一轮重要发展机遇。新的电子商务商业模式层出不穷,呈现出一系列新内涵、新特征和新趋势。

在"互联网+"时代背景下,以互联网为技术支持的电子商务正在迎来重要的发展机遇。而随着我国电子商务市场规模的不断扩大,其对于我国经济创新发展的影响也在增强。但在迎来重大机遇的同时,其快速发展也带来一些问题,限制着"互联网+"背景下电子商务的进一步发展。在当下应该如何面对全新的挑战,如何准确分析此时电子商务所存在的问题并采取正确而有效的应对措施是值得深入研究的问题。

本书分为三篇,包括基础篇、行业篇、实践篇。其中,基础篇包括"互联网+"背景下的电子商务概述、"互联网+"背景下的电子商务技术基础、"互联网+"背景下的电子商务支付、"互联网+"背景下的电子商务安全;行业篇包括B2C电子商务、跨境电商、农村电商、直播电商;实践篇包括江苏农村电子商务发展的对策建议和B2C电子商务消费者重复购买影响因素研究。互联网的发展深刻地影响着世界,影响着每一个行业、每一个人。互联网凭借其巨大的优势和潜力,正在并将继续改变着人们的通信、工作、生活、娱乐及其他各个方面。互联网的商业应用价值与日俱增,电子商务是互联网时代的产物,随着互联网的不断发展，电子商务对经济发展产生了空前巨大的影响，带动了我国传统经济领域的再次高速发展。

  本书内容的安排上包括如下两个特点：第一，框架设计合理，本书不但介绍了传统的电子商务基础知识，还讲解了当前电子商务领域的新发展；第二，内容科学实用，本书在内容上的安排上做到既有必要的理论基础，又有具体的实践应用。

  由于笔者水平有限，书中难免存在不足之处，敬请专家、读者批评指正。

作　者
2022 年 9 月

目录
CONTENTS

第一篇　基础篇

第一章　"互联网+"背景下的电子商务概述 ······ 3
 第一节　"互联网+"背景下电子商务基础 ······ 3
 第二节　"互联网+"背景下电子商务的发展过程 ······ 6
 第三节　"互联网+"背景下电子商务的功能 ······ 13
 第四节　"互联网+"背景下电子商务模式 ······ 15
 第五节　"互联网+"背景下电子商务的作用和影响 ······ 31
 第六节　"互联网+"背景下电子商务的应用领域 ······ 33

第二章　"互联网+"背景下的电子商务技术基础 ······ 40
 第一节　"互联网+"背景下计算机网络技术研究 ······ 40
 第二节　"互联网+"背景下电子数据交换技术研究 ······ 52
 第三节　"互联网+"背景下数据库技术研究 ······ 60

第三章　"互联网+"背景下的电子商务支付 ······ 65
 第一节　电子商务支付概述 ······ 65
 第二节　网上支付方式 ······ 69
 第三节　网上银行 ······ 72
 第四节　电子支付安全问题 ······ 77

第四章　"互联网+"背景下的电子商务安全 ······ 82
 第一节　"互联网+"背景下电子商务安全概述 ······ 82
 第二节　"互联网+"背景下网络安全技术研究 ······ 88
 第三节　"互联网+"背景下数据加密技术研究 ······ 96

· 1 ·

第四节 "互联网＋"背景下认证技术研究 …… 98
第五节 "互联网＋"背景下的电子商务安全交易标准 …… 102

第二篇 行业篇

第五章 B2C 电子商务 …… 107
　第一节 B2C 电子商务的分类 …… 107
　第二节 B2C 后台管理和 B2C 网上购物流程 …… 114
　第三节 B2C 网站的主要赢利模式 …… 121
　第四节 B2C 电子商务成功的关键因素 …… 123

第六章 跨境电商 …… 128
　第一节 "互联网＋"背景下跨境电子商务现状与发展趋势 …… 128
　第二节 "互联网＋"背景下跨境电子商务团队打造 …… 134
　第三节 "互联网＋"背景下跨境电子商务平台运营 …… 137
　第四节 "互联网＋"背景下跨境电子商务支付工具和数字化货币的趋势 …… 141

第七章 农村电商 …… 149
　第一节 "互联网＋"背景下农村电子商务概述 …… 149
　第二节 "互联网＋"农村电子商务探究 …… 153
　第三节 "互联网＋"农村电子商务县域模式典型案例 …… 158
　第四节 "互联网＋"农村电子商务创新发展 …… 162

第八章 直播电商 …… 164
　第一节 "互联网＋"背景下直播电商概述 …… 164
　第二节 "互联网＋"背景下直播电商相关技术 …… 169
　第三节 "互联网＋"背景下直播电商的主要业务形式 …… 173
　第四节 "互联网＋"背景下直播电商创新发展 …… 174

第三篇 实践篇

实践一 江苏农村电子商务发展的对策建议 …… 179
实践二 B2C 电子商务消费者重复购买影响因素研究 …… 184

参考文献 …… 194

◇第一篇 基础篇◇

第一章 "互联网＋"背景下的电子商务概述

第一节 "互联网＋"背景下电子商务基础

从20世纪90年代中期开始蓬勃兴起的电子商务浪潮，已经引起世界各国的高度重视。电子商务作为一种全新的商务运作模式正影响着各行各业，从政府到企业、从企业到消费者，都被卷入电子商务的浪潮中。要了解和认识电子商务的本质和内涵，必须从基本概念入手。

一、电子商务的概念模型

电子商务的概念模型是对现实世界中电子商务活动的一种抽象描述，它由交易主体、电子市场（Electronic Market，EM）、交易事务和信息流、资金流、物流等基本要素构成。在电子商务概念模型中，交易主体是指能够从事电子商务活动的客观对象，它可以是企业、银行、商店、政府机构、科研教育机构或个人等。电子市场是指电子商务实体从事商品和服务交换的场所，它是各种商务活动参与者利用通信装置，通过网络连接成一个统一的经济整体。交易事务是指电子商务实体之间所从事的具体商务活动的内容，如询价、报价、转账支付、广告宣传、商品运输等。

电子商务的任何一笔交易都包含以下三种基本的"流"，即物流、资金流和信息流。物流主要是指商品和服务的配送和传输渠道，对于大多数商品和服务来说，物流可能仍然由传统的经销渠道进行传输和配送，然而对于有些商品和服务来说，可以直接以网络传输的方式进行配送，如电子出版物、信息咨询服务、有价信息等。资金流主要是指资金的转移过程，包括付款、转账、兑换等过程。信息流既包括商品信息的提供、促销营销、技术支持、售后服务等内容，也包括诸如询价单、报价单、付款通知、转账通知单等商业贸易单证，还包括交易方的支付能力、支付信誉、中介信誉等。对于每个交易主体来说，它所面对的是一个电子市场，必须通过电子市场选择交易的内容和对象。

二、电子商务的定义

电子商务是随着科学技术的发展，特别是电子技术、通信技术及网络信息技术的不断进步而产生的一种新型交易方式。换句话说，电子商务是运用现代电子技术、通信技术及信息技术，利用计算机网络从事的各种商务活动，简称 EC(Electronic Commerce)或 EB(Electronic Business)。由于在英文中 EB 比 EC 的含义更广泛，所以用 EB 更合适一些。

电子商务有广义和狭义之分。狭义的电子商务是利用互联网进行的商品交易活动，可以称作电子交易或网上交易。较低层次的电子商务只能完成电子交易的部分环节，如电子商情发布、网上订货等。较高层次的电子商务是利用网络完成全部的交易过程，包括信息流、商流、资金流和物流，从寻找客户、商务洽谈、签订合同到付款结算都通过网络进行。

广义的电子商务是指在网络上进行商务贸易和交易，其具体分析如下。

(1)电子商务通常是指在全球各地广泛的商业贸易活动中，在因特网开放的网络环境下，基于浏览器、服务器等应用方式，买卖双方不谋面地进行各种商贸活动，实现消费者的网上购物、商户之间的网上交易和在线电子支付以及各种商务活动、交易活动、金融活动和相关的综合服务活动的一种新型的商业运营模式。

(2)电子商务指的是利用简单、快捷、低成本的电子通信方式，买卖双方不谋面地进行各种商贸活动。电子商务可以通过多种电子通信方式来完成。简单来讲，例如，人们可以通过打电话或发传真的方式来与客户进行商贸活动，这似乎也可以称作为电子商务，但是现在人们所探讨的电子商务主要是以 EDI(电子数据交换)和 internet(互联网)来完成的。尤其是随着互联网技术的日益成熟，电子商务真正的发展将是建立在互联网技术上的，所以也有人把电子商务简称为 IC(Internet Commerce)。

从贸易活动的角度分析，电子商务可以在多个环节实现，由此也可以将电子商务分为两个层次，较低层次的电子商务如电子商情、电子贸易、电子合同等；最完整的也是最高级的电子商务应该是利用互联网网络能够进行全部的贸易活动，即在网上将信息流、商流、资金流和部分的物流完整地实现。也就是说，人们可以从寻找客户开始，一直到洽谈、订货、在线付(收)款、开具电子发票以至到电子报关、电子纳税等通过互联网一气呵成。

要实现完整的电子商务还会涉及很多方面，除了买家、卖家外，还要有银行或金融机构、政府机构、认证机构、配送中心等相关机构的加入才行。由于参与电子商务中的各方在物理上是互不谋面的，因此整个电子商务过程并不是物理世界商务活动的翻版，网上银行、在线电子支付等条件和数据加密、电子签名等技术在电子商务中发挥着不可或缺的重要作用。

三、电子商务的特点

电子商务具有虚拟性、跨越时空及高效性。

（一）虚拟性

1. 企业经营的虚拟化

对流通企业而言，采用电子商务的方式可以实现无店铺经营。网络零售企业，既不必租赁门面陈列商品，也无需雇用大量售货员，它所需要的只是可以上网提供产品信息并接受客户订单的服务器、信息处理人员以及用来存放商品的仓库。"无店铺经营"节省了大量人力和日常运转费用，不管用户在世界什么地方，只要通过联网计算机就可以在网站上选购商品，获得公司提供的各种产品和服务。

对生产性的企业而言，采用电子商务的方式可以实现无厂房经营。传统企业采取"大而全""小而全"经营模式的一个重要经济原因就是企业间合作存在困难。网络通信技术可以实现企业与其合作伙伴间信息系统的联网，这使得企业间合作如同企业内部合作一样便利。这样，企业就可以把自己不具有成本优势的产品与服务外包出去，而将企业资源集中进行"核心价值的生产"。正因为互联网可以实现贸易伙伴间全球性的生产合作，才使得虚拟企业（又称"头脑企业"）得以出现，其生产方式是整合分散在世界各地的资源而进行"合作生产"。

2. 交易过程的虚拟化

交易过程的虚拟化表现为交易双方从接触、磋商、签订合同到支付等无须当面进行，通过网络均可以完成，整个交易过程完全虚拟化。

（二）跨越时空

电子商务跨越时空的特性主要是指网络商务的开展可以不受时间和空间的限制。传统企业一般都有上、下班时间限制，而电子商务服务器是 24 小时运转的，所以电子商务企业的网上服务可以 24 小时进行。传统的企业在建立新厂或新店时都要精心选址，如需要充分考虑交通条件、车流量和人流量、居民分布特点等因素，尤其对商业企业来说，企业的服务范围和能力只能覆盖一定的地理区域。而电子商务企业可以不受上述因素的约束，企业将和全球市场连接起来，交易的对象可以是世界各地的个人、企业和机构，因而它的服务范围可以覆盖全球。

（三）高效性

(1)互联网技术使贸易中的商业报文标准化，并使商业报文在世界各地瞬间完成传递和计算机自动处理，从而使企业的原料采购、产品生产、销售、银行汇兑、保险、货物托运及申报等过程能在最短的时间内完成。由此可见，电子商务克服了传统贸易方式费用高、易出错、处理速度慢等缺点，极大地缩短了贸易时间，使整个贸易过程快捷、方便。

(2)电子货币的出现和流通可以缩短资金的在途时间，提高资金的周转率。

(3)先进的信息技术使市场信息的收集和商品的发布、展示、宣传、挑选以及咨询、谈判、结算等活动均可以在网上进行，这意味着商业运转的流程和周期大大缩短，商业活动的效率大大提高。

第二节 "互联网+"背景下电子商务的发展过程

在人类早期的商务活动中，主要依靠手工来完成各项任务，包括企业内部经营管理的各个环节以及企业外部环境因素之间的各类分散、无序的信息。企业信息传递、交易的完成主要通过单据、合同等纸介质，信息处理的工作量大、速度慢，因而差错率高，资源浪费严重，效率低下。为此，人们将先进的电子技术引入到商务活动中来，逐渐形成了无纸化的商务办公过程，大大简化了工作流程，提高了竞争能力，这种将电子技术和商务活动结合在一起的技术即通常所说的电子商务。

一、电子商务的发展

（一）20世纪60年代至90年代，基于EDI的电子商务

电子数据交换(Electronic Data Interchange，EDI)是将业务文件按公认的标准从一台计算机传输到另一台计算机的电子传输方法。由于EDI大大减少了纸张票据，提高了自动化水平，从而简化了业务流程。因此，人们也形象地称之为"无纸贸易"或"无纸交易"。

EDI 于 20 世纪 60 年代末期出现在美国。其产生源于美国运输业，运输业流通量大，货物和单证的交接次数多、交接速度慢。企业间交换的单据几乎在每笔交易中都包括同样的内容，如商品代号、名称、价格和数量等，企业花费了大量的时间录入数据，再将其打印出来，而交易的对方还要重新输入这些数据。为了提高业务效率，人们开始尝试使数据能够在贸易伙伴的计算机之间自动交换，EDI 应运而生。通过转换翻译软件将这些信息转换成标准化的格式，再以电子数据方式来传递，企业就可以减少错误和重复录入的工作量，节省了打印和邮寄成本，简化了业务流程，提高了工作效率。1990 年，联合国正式推出了 EDI 的标准 UN/EDIFACT，统一了世界贸易数据交换中的标准，为在全球范围内利用电子技术开展商务活动奠定了基础。

（二）20 世纪 90 年代以来，基于互联网的电子商务

20 世纪 90 年代中期以后，互联网迅速普及，逐步走向企业和寻常百姓家，其功能也从信息共享演变为大众化的信息传播工具。一直排斥在互联网之外的商业贸易活动正式踏进这个"王国"，电子商务也成为互联网应用的最大热点。

电子商务最初主要是利用互联网的电子邮件功能进行日常商务通信，后来发展到利用互联网进行信息发布，让公众了解企业的详细情况，并直接通过网络来获得企业的产品和服务。1996 年 6 月 14 日，联合国贸易委员会通过《电子商务示范法》，标志着电子商务时代的到来。

二、电子商务系统的发展

电子商务系统的发展是随着信息技术和 Internet 的发展而逐渐发展起来的，尤其是它们在经济、管理领域的应用更是起到了推波助澜的作用。从电子商务系统的结构和应用情况来看，可以将电子商务系统的发展划分为三个阶段：

（一）电子商务系统的初步形成阶段（1991—1996 年）

自从 1991 年美国开放 Internet 商务应用以来，尤其是 1993 年美国克林顿政府提出"信息高速公路"建设计划以来，世界各国都开始构建自己的"信息高速公路"，使得 Internet 在全球各个国家得到了迅猛发展，这为电子商务系统的发展提供了坚实的基础。随着 Internet 的发展和 Web 技术的成熟，大量的企业网站开始涌现，它们利用 Internet 进行信息发布、企业形象宣传和提供售前售后服务，这就是早期形成过程中的电子商务系统。该阶段的电子商务系统只能提供信息服务功能，不支持电子交易。

1. 该阶段电子商务系统的体系结构

这个阶段的电子商务系统一般都是基于 Web 服务器的三层 B/S 结构，客户端采用的是标准浏览器，服务器端是 Web 服务器和数据库服务器，浏览器和 Web 服务器之间通信主要采用的是 HTTP 协议。企业可以利用 HTML、客户端脚本、服务器端脚本等技术以网站的形式通过 Web 服务器来发布企业信息。但是，该阶段仅限于企业信息发布和企业形象宣传，它并不能对企业的核心业务进行处理，也不能进行在线交易。该阶段的电子商务系统几乎不与企业内部已有的管理信息系统相联系，所以它只支持企业价值链的部分环节，并没有完全支持企业的核心业务。

该阶段的电子商务系统发布企业信息有两种手段：静态页面形式和动态页面形式。静态页面是发布之前写好的、存放于 Web 服务器上的 HTML 文件，在运行期间该文件的内容是不会改变的。当浏览器向 Web 服务器发出 HTTP 请求后，作为响应 Web 服务器就会向浏览器端发送和创建时完全相同的 HTML 文件。动态页面是发布之前写好并存放于 Web 服务器上的、包含服务器端脚本的文本文件，在运行期间该文件的内容同样是不会改变的。但是，页面中的服务器端脚本在发往浏览器端之前需要经过服务器的处理，以形成一个新的页面。浏览器向 Web 服务器发出 HTTP 请求后，Web 服务器根据用户的请求来处理服务器端脚本，然后将处理结果插入并生成一个临时的 HTML 页面，最后 Web 服务器将这个临时生成的页面发送至浏览器。

2. 该阶段电子商务系统的功能

(1)为企业提供在 Internet 上发布信息和宣传形象的手段，这项功能是该阶段电子商务系统主要功能，也是电子商务系统首要功能，目前和将来的电子商务系统都具有该功能。

(2)为企业提供基于 Internet 的客户意见反馈渠道，该服务通常是以电子问卷调查或 BBS 论坛的方式来提供的。

(3)使企业能够在 Internet 上提供售后服务，拓宽了企业售后服务的渠道。例如，一些计算机硬件生产厂商在网站上提供硬件驱动程序，用户可以在其网站上下载最新的硬件驱动程序。

(4)可以提供部分商品的网上交易，如信息类商品的购买、飞机票的预订等。

(二)电子商务系统的高速发展阶段(1997—1999 年)

第一阶段的电子商务系统只是提供了对企业商务活动的辅助功能，它们并不能完成企业的核心商务活动。所以从 1997 年开始，根据电子商务系统改进企业的商务模式、业务流程等成为研究和开发的热点,电子商务系统的功能、体系结构和开发技术都发生了很大的变化,电子商务系统进入高速发展阶段。

1. 该阶段电子商务系统的体系结构

该阶段的电子商务系统一般都是增加了应用服务器的四层 B/S 结构,客户端采用的是标准浏览器,服务器端是 Web 服务器、应用服务器和数据库服务器。浏览器和 Web 服务器主要用来表达处理结果,属于客户表达层的应用;应用服务器主要进行较复杂的企业核心商务流程的处理,属于业务逻辑层的应用;数据库服务器主要负责企业商务数据的管理,属于数据层的应用。

该阶段的电子商务系统已经与企业内部已有的管理信息系统连接成为一个整体,它不仅支持企业的形象宣传和电子交易,而且支持企业的生产及管理过程,使得企业内部生产、管理过程也可以通过 Internet 进行,企业内部信息系统的服务对象不再仅仅是企业内部人员,而且还包括企业的客户。

2. 该阶段电子商务系统的功能

该阶段电子商务系统的功能得到了极大的发展,它除了具有第一阶段的功能外,还包括以下功能。

(1)电子交易功能。在这个阶段,电子商务系统各方面的技术都趋向成熟,认证中心开始出现,安全电子交易协议也得以制定,这些都为在电子商务系统上开展电子交易提供了条件。所以,在这个阶段,绝大部分电子商务系统都支持电子交易。

(2)支付结算功能。伴随着认证中心的出现和安全电子交易协议的制定,银行支付网关逐步建立起来,这为电子商务系统提供了与银行的接口,使得网上支付和结算成为可能。所以,这个阶段相当一部分的电子商务系统都能够在线完成交易金额的清算。

(三)电子商务系统的扩展阶段(2000年至今)

2000年以来,人们对于电子商务的认识上升到了新的高度,这就是电子化概念。我们知道,电子商务实际上是现代信息技术尤其是 Internet 技术在商务领域的应用,它不但可以应用于商务领域,还可以应用于政府、教育、军事和医疗等领域,从而形成电子政务、电子教育、电子军事和电子医疗等概念。我们要想使这些电子化概念成为现实,就需要在这些领域利用相应的电子信息技术尤其是 Internet 技术建立计算机系统,在政府机构建立的该系统我们可以称之为电子政务系统,在教育领域建立的该系统我们可以称之为电子教育系统,在医疗机构建立的该系统我们可以称之为电子医务系统。该阶段电子商务系统的功能包括:网上订购、货物传递、咨询洽谈、网上支付、电子银行、广告宣传、意见征询、业务管理(人、财、物多个方面的协调和管理)。

考察电子商务产生与发展的历史,从普遍意义上讲,从电话、电报、传真的商业应用开始,电子商务活动就开始出现了。由于当时商务活动信息流的电子化水平太低,所以还不是真正意义的电子商务。现代意义的电子商务经历了两个阶段:在专用网上的电子交易阶段和基于Internet的电子商务阶段。

1. 专用网上的电子交易阶段

从20世纪60年代末到80年代,部分大企业的计算机系统开始通过专用增值电信网络联系在一起,越来越多的企业间交易信息开始通过网络传输,企业内部局域网也得到了一定范围的应用,这个阶段可以称为电子商务的萌芽阶段。早在20世纪70年代,美国航空公司开发了计算机联网订票系统SABRE,顾客可以在美国的各个航空公司的售票点、旅行社通过美国航空公司的计算机终端查询全国范围航班的时刻票价、空位情况等信息,进而通过终端订票。同一时期,银行间采用安全的专用网络进行电子资金转账,即利用通信网络进行账户交易信息的电子传输,提高了资金转移的效率,改变了金融业的业务流程。同时,美国许多银行投入巨资研究和开发家庭银行。客户通过按键电话拨通家庭银行,家庭银行的语音服务提示客户按电话上的数字键,以查询账户余额、划账、付账。这是电子商务最原始的形式之一。

从20世纪70年代后期到80年代初期,电子报文传送技术,如电子数据交换(Electronic Data Interchange,EDI)的形式得到推广。电子数据交换使企业能够用标准化的电子格式与供应商交换商业单证(如订单、发票、保单等)。电子报文传送技术减少了文字工作量,提高了自动化水平,简化了业务流程。可以说,EDI在电子商务的发展历程中起着举足轻重的作用。1990年,联合国正式推出了EDI的标准UN/EDIF ACT,并被国际标准化组织正式接受为国际标准ISO 9735,统一了世界贸易数据交换中的标准和尺度,为利用电子技术在全球范围内开展商务活动奠定了基础。

(1)EDI的概念

EDI也称为"无纸贸易"。国际标准化组织将EDI定义为一种传输方法,使用这种方法,首先将商业或行政事务处理中的报文数据按照一个公认的标准,形成结构化事务处理的报文数据格式,进而将这些结构化的报文数据经由网络从一台计算机传输到另一台计算机。

事实上,信息电子化以后,纸张信息并没有取消,使用电子票据的同时仍然需要纸面票据,只是纸面票据从以前的主要或唯一的地位下降到次要和辅助的地位。也就是说,EDI的优势并不在于节约纸张,而在于其快速高效、避免重复劳动和减少错误。所以EDI强调的并不是无纸化,而是快速传输、节约劳动、减少错误,从而实现高效率、低成本。

(2) EDI的主要优势

①企业采用EDI可以更快速、更便利地传送发票、采购订单、传输通知和其他商业单证,提高快速交换单证的能力,加快了商业业务的处理速度,更重要的是,这些过程可以被监督,从而为企业提供了跟踪管理和审计这些操作的能力。

②通过对数据进行电子传输,避免了人工录入而出现不一致的错误,提高了总体质量,降低了数据对人的依赖性并减少无效的处理时间。

③EDI能更快、更精确地填写订单,以便减少库存,直到零库存管理。

④EDI存储了完备的交易信息和审计记录,为管理决策者提供更准确的信息和数据,进而为企业增加效益和减少成本提供了更大的可能性。

(3) EDI系统的构成

EDI系统包括软件、硬件和通信网络三大要素。EDI具有一定的通用性,这将在后面的有关章节中做相应的介绍。EDI通信网络一般是专用网,具有安全可靠、价格昂贵的特点。随着现代网络技术的发展,EDI通信网络除了专用网络外,还出现了一些新的网络技术,如虚拟专用网,同时具有网络安全与价格便宜的优点,解决了专线的缺陷。本节重点研究EDI软件的组成。

EDI软件具有将用户数据库系统中的信息译成EDI的标准格式以供传输交换的能力。EDI标准具有足够的灵活性,可以适应不同行业的众多需求。但是每个公司有其自己规定的信息格式,因此当需要发送EDI电文时,必须用某些方法从公司的专有数据库中提取信息,并把它翻译成EDI标准格式再进行传输,这就需要EDI相关软件的帮助。EDI相关软件包括转换软件、翻译软件和通信软件。

①转换软件可以帮助用户将原有计算机系统的文件转换成翻译软件能够理解的平面文件,或是将从翻译软件接收来的平面文件转换成原计算机系统中的文件。用户系统与平面文件之间的转换过程是连接翻译和用户应用系统的中间过程。用户应用系统(如管理信息系统、常规业务系统等)存储了生成报文所需要的数据。转换过程的任务就是读取用户数据库,按照不同的报文结构生成平面文件以备翻译。在实际应用中,用户可以将翻译系统与应用系统集成起来,在输出数据时直接生成平面文件,随后再翻译。如果用户应用系统不含翻译软件,翻译工作可由EDI增值服务网或由其他EDI服务提供者完成。平面文件不必包含用户

文件的全部数据,只需包含要翻译的数据。

　　转换过程需要一些初始化工作,以确定贸易伙伴的电子邮件地址、网络地址及贸易伙伴的报文类型和版本。这就需要用户建立每一个贸易伙伴接收的报文类型、报文标准和版本以及电子邮件地址等清单。如果贸易伙伴有安全要求(如报文鉴别和加密),会有更多的信息(如加密方式、密钥等)需要列入清单。当贸易伙伴的数目较大时,这项工作就会变得十分重要。因此国外的EDI服务把提供这种贸易伙伴清单的功能作为一项中心服务。

　　②翻译软件(Translator)将平面文件翻译成EDI标准格式或将接收到的EDI标准格式翻译成平面文件。翻译是根据报文标准、报文类型和版本由上述EDI系统的贸易伙伴清单确定,或由服务机构提供的目录服务功能确定。在翻译之前还需对平面文件做准备工作,包括对平面文件进行编辑、一致性检查和地址鉴别。

　　③通信软件它具有管理和维护贸易伙伴的电话号码系统、自动执行拨号等功能。它将EDI标准格式的文件外层加上通信信封,再送到EDI系统交换中心的邮箱,或从EDI系统交换中心将收到的文件取回。

(4)EDI的实现过程

　　EDI的实现过程就是用户将相关数据从自己的计算机信息系统传送到有关交易方的计算机信息系统的过程。该过程因用户应用以及外部通信环境的差异而不同。在有EDI增值服务的条件下,这个过程分为以下六个步骤。

　　①发送方将要发送的数据从信息系统数据库提出,转换成平面文件(亦称中间文件)。

　　②将平面文件翻译成标准的EDI报文。

　　③通过网络发送EDI信件。

　　④接收方从EDI信箱中收取信件。

　　⑤接收方将EDI信件拆开并翻译成平面文件。

　　⑥接收方将平面文件转换后再传送到信息系统中进行处理。

　　上述整个过程是个可逆过程,接收方向发送方发送EDI报文和发送方向接收方发送EDI报文的过程和原理是一致的。

　　2. 基于Internet的电子商务阶段

　　20世纪90年代初,美国政府宣布Internet向社会公众开放,电子商务进入了快速发展阶段。1993年,万维网诞生,使Internet具备了多媒体应用的能力。万维网为信息出版和传播方面的问题提供了简单易用的解决方案,带来了规模效应并降低了业务成本,它所带来的范围效应丰富了企业业务活动的多样性。起初是一些技术公司，然后是越来越多的传统公司开始利用 Internet 进行商务活动。美国第一家在线银行——安全第一网络银行(http：//www.sfnb.com)于 1995 年出现在万维网上，客户可从世界各地通过万维网在该银行开设账户，进行付款和查询账户余额。这一阶段的特点是大量企业开始在 Internet 上建立网站、促销产品、进行交易，上网人数与网上交易额也迅速增加。

随着 Internet 的高速发展，电子商务显现了旺盛的生命力。在发达国家，电子商务的发展非常迅速，通过 Internet 进行交易已成为潮流。1996 年，全球 Internet 用户不足 4 000 万，到 2000 年已经达到了 2.6 亿以上，并且仍在迅速增长。截至到 2003 年 7 月，我国网民数量达到了 6 800 多万，仅次于美国，列世界第二。

中国银行开发的网上银行(http：//www.bank-of-china.com)于 1997 年底建成。1998 年 3 月 6 日，我国国内第一笔 Internet 网上电子商务交易成功，它是由世纪互联通信技术有限公司和中国银行共同携手完成的。这标志着我国电子商务已开始进入实用阶段。1999 年 7 月，浙江省某企业成功地通过网上支付的形式采购了 200 万美元的设备材料。目前，已经有越来越多的企业决策者将企业下一步发展的方向和注意力集中到电子商务上来。

第三节　"互联网＋"背景下电子商务的功能

电子商务可提供网上交易和管理等全过程的服务，它具有广告宣传、咨询洽谈、网上订购、网上支付、电子账户、产品和服务传递、意见征询、交易管理等各项服务功能。

一、广告宣传

企业可通过自己的 Web 服务器在 Internet 上发布各类商业信息，客户可借助网上的搜索工具迅速找到所需要的商品信息，而商家可利用网上主页(Home Page)、电子邮件(E-mail)和博客(Blog)等方式在全球范围内作宣传。与以往的各类广告相比，网络广告成本更低廉，而给予顾客的信息量却更丰富。

二、咨询洽谈

电子商务可借助非实时的电子邮件(E-mail)、新闻组(News Group)和实时的讨论组(Chat Room)等方式来了解市场和商品信息、洽谈交易事务，如有进一步的需求,还可用即时信息,如 QQ 和 MSN 等来交流即时信息。网上的咨询和洽谈能超越人们面对面洽谈的限制,提供多种方便的异地交谈形式。

三、网上订购

电子商务可借助 Web 中的邮件交互或企业的信息门户实现网上的订购。网上订购通常都是在产品介绍的页面上提供十分简洁的订购提示信息和订购交互格式框。当客户填完订购单后,通常系统会回复确认信息单来保证订购信息的收悉。订购信息也可采用加密的方式使客户和商家的商业信息不会泄漏。

四、网上支付

电子商务要成为一个完整的过程,网上支付也是重要的环节。客户和商家之间可采用信用卡账号实施支付。在网上直接采用电子支付手段将可省略交易中很多人员的开销,网上支付将需要更为可靠的信息传输安全性保障,以防止欺骗、窃听、冒用等非法行为。

五、电子账户

网上的支付必须要有电子金融来支持,即银行或信用卡公司及保险公司等金融单位要为金融服务提供网上操作的服务,而电子账户管理是其基本的组成部分,信用卡号或银行账号都是电子账户的一种标志,其信用度需配以必要技术措施来保证。数字凭证、数字签名、加密等手段的应用保证了电子账户操作的安全性。

六、服务传递

对于已付了款的客户应将其订购的货物尽快地传递到他们的手中。而有些货物在本地,有些货物在异地,电子邮件能在网络中进行物流的调配。而最适合在网上直接传递的货物是信息产品,如软件、电子读物、信息服务等,能直接从电子仓库中将货物发到用户端。

七、意见征询

电子商务能十分方便地采用网页上的"选择""填空"等格式文件来收集用户对销售服务的反馈意见。这样使企业的市场运营能形成一个封闭的回路。客户的反馈意见不仅能提高售后服务的水平,更使企业获得改进产品、发现市场的商业机会。

八、交易管理

整个交易的管理将涉及人、财、物多个方面，以及企业和企业、企业和客户及企业内部等各方面的协调和管理。因此，交易管理是涉及商务活动全过程的管理。电子商务的发展，将会提供一个良好的交易管理的网络环境及多种多样的应用服务系统。这样，能保障电子商务获得更广泛的应用。

第四节 "互联网+"背景下电子商务模式

一、电子商务的商业模式

影响一个电子商务项目绩效的首要因素是它的商业模式。电子商务的商业模式是电子商务项目运行的秩序，是指电子商务项目所提供的产品、服务、信息流、收入来源以及各利益主体在电子商务项目运作过程中的关系和作用的组织方式与体系结构。它具体体现了电子商务项目现在如何获利以及在未来长时间内的计划。电子商务的商业模式主要包括以下几方面的内容。

（一）战略目标

一个电子商务项目要想成功并持续获利，必须在商业模式上明确战略目标。企业的这种战略目标本质上表现为企业的客户价值，即企业必须不断向客户提供对他们有价值的、竞争者又不能提供的产品或服务，这样才能保持竞争优势。按照哈佛大学商学院著名教授迈克尔·波特的竞争优势理论，这种竞争优势可以表现在产品/服务的差别化、低成本、目标集聚战略上。产品或服务的差别化战略主要表现在以下几个方面。

1. **产品特征**

公司可以通过提供具有竞争者产品所不具有的特征的产品来增加差别化。拥有独有的特征是最普通的产品差别化形式，使用互联网能够使公司为客户提供更好的产品特征。比如，DELL公司通过网络直销的形式，为客户提供个性化的电脑产品。

2. **产品上市时间**

公司率先将产品投向市场，产品往往是市场上唯一的，自然而然就具有差别性了，公司进而可以获得丰厚的利润。电子商务的应用，可以使企业在产品的开发与设计、推广与分销等方面大大地缩短周期，取得产品的市场先机，从而战胜自己的竞争对手。比如，网景公司曾经在线分发自己的浏览器软件，这使它很快就在市场上占据了主导地位。

3. 客户服务差别化

电子商务可以帮助公司更好地实施以客户为中心的发展战略。一方面，利用电子商务所提供的电子化服务，公司可以通过向出现故障的产品提供服务的快慢来予以差别化，大大提高公司对客户投诉的反应速度，能够有针对性地为客户提供更周到的服务。另一方面，由于信息更加容易被获取，公司可以为客户提供大量的商品选择机会，从而使客户有更多的选择余地。公司提供的这种产品的多种组合可以使自己的产品比竞争对手具有明显的差异性。比如亚马逊书店可以在网上提供几千万种图书，而且很容易根据客户的需求进行多种组合，这与传统的线下书店形成了明显的差别化。

4. 品牌形象

公司可以通过互联网来建立或强化自己的品牌形象，使客户感到他们的产品是具有差别性的，进而建立和保持客户的忠诚度，因为谁拥有了客户，谁就拥有了未来。

低成本战略是一种先发制人的战略，意味着一家公司提供的产品或服务，与其竞争者相比，让各客户花费更少的金钱。这种成本的降低表现在生产和销售成本的降低上，一方面，公司通过电子商务方式与供应商和客户联系，大大提高了订货和销货效率，使订货、配送、库存、销售等成本大幅度降低。另一方面，通过互联网，企业可以为客户提供更加优质的服务，甚至可以让客户通过互联网进行自我服务，大大减少了客户服务成本。其实，电子商务在减少公司的产品或服务成本的同时，也可大大降低客户的交易成本。

目标聚集战略是一种具有自我约束能力的战略。当公司的实力不足以在产业内更广泛的范围内竞争时，公司可以利用互联网以更高的效率、更好的效果为某一特定的战略对象服务，往往能在该范围内超过竞争对手。例如，在竞争异常激烈的保险经纪行业中，有的保险经纪人利用互联网专门为频繁接触互联网而社交范围比较窄的研究、开发人员提供保险服务，取得了良好的经营业绩。

从以上分析可见，我们对电子商务案例战略目标的分析需要回答如下问题。

(1)电子商务能够使公司向客户提供哪些独特的产品或服务，或者使公司的产品或服务具有哪些独特的客户价值，是差别化、低成本还是目标聚集？

(2)电子商务是否能够使公司为客户解决由此产生的一系列新问题？

(3)公司是否有明确的战略目标规划?

(二)目标客户

公司的目标客户是指在市场的某一领域或地理区域内,公司决定向哪一范围提供产品或服务,以及提供多少这类产品或服务。其中涉及两个方面的问题。

1. 客户范围

从不同的角度来考虑,公司客户范围的界定需要从两个方面入手:一方面,要将公司客户在商家和消费者之间进行选择,如果公司主要向商家提供产品或服务,这就是B2B电子商务。在每个产业中,又有不同类型、不同规模、不同技术水平的商家,如果公司主要向消费者提供产品或服务,这就是B2C电子商务,消费者可以根据性别、年龄、职业、受教育程度、生活方式、收入水平等特征划分为不同的类型。另一方面,要将公司客户在不同的地域内进行选择,公司应明确向世界上哪个地方销售产品或提供服务,因为互联网跨越时空的特点使得公司的市场范围大大延伸了。

2. 产品或服务范围

当公司决定向哪一领域提供产品或服务后,还必须决定向这部分市场的需求提供多少服务。例如,一家定位于大学生的互联网公司必须决定将满足他们多少需求。它可以在基本的连接服务,如聊天室、电影、音乐、游戏、网上教学、考研答疑等方面来选择要提供的服务内容。

在进行电子商务案例的目标客户分析时,我们需要回答如下问题。

(1)电子商务能够使公司接触到哪些范围的客户?是面向全球的客户还是一定地理范围的客户?是面向商家还是面向消费者?

(2)公司的客户具有什么特点?

(3)电子商务是否改变了原有的产品或服务?

(4)公司对各类客户分别提供哪些产品或服务?

(三)收入和利润来源

电子商务案例分析中一个极为重要的部分是确定公司的电子商务项目收入和利润来源。在现实的市场中,很多公司直接从其销售的产品中获得收入和利润,或者从其提供的服务中获得收入和利润。但是,在电子商务市场中,互联网的一些特性,使公司利用互联网从事电子商务的收入和利润的来源变得更加复杂。例如,从事网络经纪电子商务模式的公司的收入来源至少有交易费、信息和建议费、服务费和佣金、广告和发布费等。而一个采取直销模式的公司的收入则主要来自对客户的直接销售，也可以来自广告、客户信息的销售和产品放置费，还可以通过削减直接向客户提供服务的成本或减少配送环节来增加利润。

从向客户提供的产品或服务中获取利润非常重要的一个环节是对所提供的产品或服务做正确的定价。在电子商务市场中，大多数产品和服务是以知识为基础的，以知识为基础的产品一般具有高固定成本、低可变成本的特点，因而产品或服务的定价具有较大的特殊性，企业定价的目标不在于单位产品的利润率水平，而更加重视产品市场占有率的提高和市场的增长。而且这种产品还具有能够锁定消费者的特点，使许多消费者面临较高的转移成本，使已经在竞争中占有优势的公司不断拉大与其竞争者的距离。

进行电子商务案例的收入和利润来源分析，我们需要回答如下问题。

(1)公司原有的收入来源有哪些途径？电子商务使公司收入来源产生了哪些变化？

(2)公司实施电子商务后有哪些新的收入来源？

(3)公司收入来源中，哪些对公司的利润水平具有关键性的影响？

(4)哪些客户对哪些收入来源做出了贡献？

(5)公司利润的决定因素有哪些？

(四)价值链

为了向客户提供产品和服务的价值，公司必须进行一些能够支持这些价值的活动，而这些活动往往具有一定的关联性，一般被称作价值链(图1-1)。

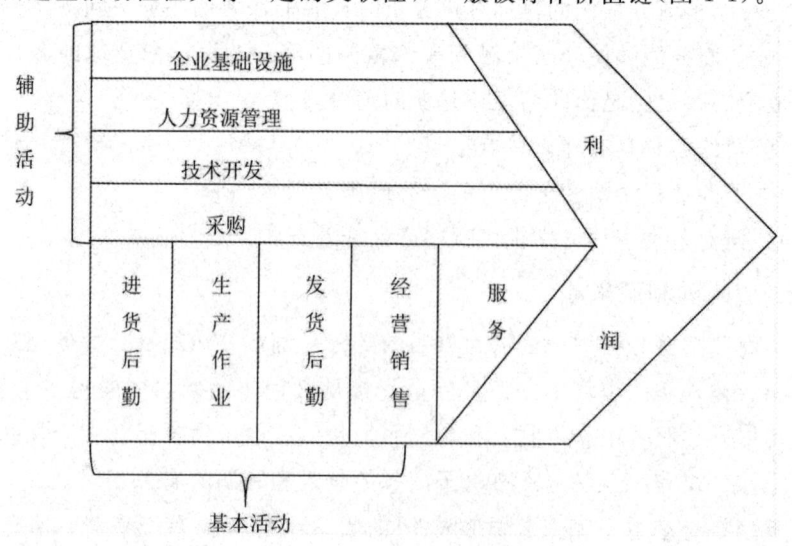

图1-1 公司活动的价值链

在电子商务环境下，公司活动的价值链结构发生了革命性的变化。

(1)基本活动中的信息处理部分，如商品信息发布、客户沟通、供应和分销商订单处理乃至支付都可以通过电子商务在网上完成。

(2)基本活动中采购、进货、发货、销售等环节的物流活动可以通过第三方物流加以完成。

(3)辅助活动中的人力资源管理和技术开发中的部分活动也都可以通过电子商务方式在网上完成。

在进行电子商务案例价值链分析时，我们需要回答如下问题。

(1)公司进行了哪些关键的活动来保证为客户提供价值？

(2)电子商务的实施，需要公司必须进行哪些新的活动？

(3)电子商务如何提高原有活动的进行水平？

(4)这些活动是否与客户价值和服务的客户范围一致？

(5)这些活动之间是否相互支持，且利用了行业成功的驱动因素？

(五)核心能力

核心能力是相对稀缺的资源和有特色的服务能力，它能够创造长期的竞争优势。核心能力是公司的集体智慧，特别是那种把多种技能、技术和流程集成在一起以适应快速变化的环境的能力。

电子商务具有快速的实现周期，对信息和联盟也具有很强的依赖性，而且要坚持不懈地改革商务活动的方式，因此，它需要有一种能综合考虑以上所有因素的分析工具，将公司的技术平台和业务能力进行集成。经过集成后的公司的核心能力应该包括以下几个方面。

1. 资源

公司需要有形的、无形的以及人力资源来支持向客户提供价值的一系列关键活动。有形资源包括厂房、设备以及现金储备。而对于从事电子商务的公司来讲，有形资源主要表现在公司的网络基础设施以及电子商务的软硬件建设水平上。无形资源包括专利权、商誉、品牌、交易秘密、与客户和供应商的关系、雇员间的关系以及以不同形式存在于公司内部的知识。例如，含有重要的客户统计数据的数据库以及市场研究发现的内容。对于从事电子商务的公司来讲，这类资源往往包括公司自行设计的软件、访问者或客户的登录信息、品牌和客户群。人力资源是公司员工具有的知识和技能，是公司知识资源的载体，在知识经济时代的作用显得更加突出。

2. 竞争力

竞争力是公司将其资源转化为客户价值和利润的能力。它需要使用或整合公司的多种资源。根据美国学者哈默尔(Hamel)和普拉哈拉德(Prabalad)的观点,当公司遇到客户价值、竞争者差别化和扩展能力三个目标的时候,公司的约束力就是公司的核心能力。客户价值目标要求公司充分利用其核心能力加强其向客户提供的价值。如果公司在多个领域使用其竞争力,那么这种竞争力是可扩展的。例如,本田公司设计优良发动机的能力使它不仅能够向汽车,而且能够向除草机等提供发动机。

3. 竞争优势

公司的竞争优势来源于公司所拥有的核心能力。其他公司获得或模仿这些能力的难易决定了这些优势保持的难易程度。这些核心能力难以取得或模仿往往是由于拥有这种优势的公司在发展进程上处于领先水平,或者这些核心能力的形成需要较长的时间,模仿者难以在短期内获得。

进行电子商务案例的核心能力分析,我们需要把握如下问题。

(1)公司拥有的能力是什么?

(2)公司实施电子商务需要哪些新的能力?

(3)电子商务对公司已有的能力有哪些影响?

(4)公司的这些能力有哪些是其他公司难以模仿的因素?

(5)公司如何才能保持它的竞争优势?

(6)公司在形成和保持这些竞争优势的过程中采用了哪些营销战略?

二、电子商务的技术模式

在所有的电子商务项目中,都需要合理规划其技术模式。电子商务的技术模式是支撑电子商务系统正常运行和发生意外时能保护系统,恢复系统的硬件、软件和人员配置系统。技术模式中涉及的主体如下所述。

(一)通信系统

通信系统是用来连接公司内不同部门以及供应商、客户、结盟者、政府、第三方服务商等商务活动主体的系统。在通信系统中,计算机通信网络的构建是关键,计算机通信网络是多台独立的计算机通过有形或无形的介质连接,在网络协议的控制下实现资源共享。其中采用TCP/IP通信协议的Internet、Intranet、Extranet构成了以国际互联网为基础的公司内部以及公司之间的通信网络。在具体构建通信网络时可以选择宽带专网、电视网、电话网等网络通信技术。

（二）计算机硬件系统

计算机硬件系统是电子商务的重要基础设施，是电子商务技术系统的支撑体系和各种应用软件的重要载体，包括服务器和客户机两个方面的硬件系统。其中服务器是存储文件和其他内容的硬件组合，客户机是为存取和显示内容而配置的硬件组合。

（三）计算机软件系统

计算机软件系统包括系统软件和应用软件等。

（四）其他专用系统

其他专用系统是指在电子商务应用中所使用的商品扫描系统、支付刷卡系统、企业资源计划（ERP）、客户关系管理（CRM）、供应链管理（SCM）等专用系统。

从电子商务的应用层次上来划分，电子商务的应用体系如图1-2所示。相应的电子商务技术模式中就包括以计算机网络、电信网络、有线电视网络为主的电子商务网络平台技术；以基本的安全技术和CA体系（认证中心）为主的电子商务安全技术；以电子货币、信用卡、智能卡为主的电子商务支付技术；以网上购物、网上银行、电子订货、电子市场等为主的电子商务应用系统技术。

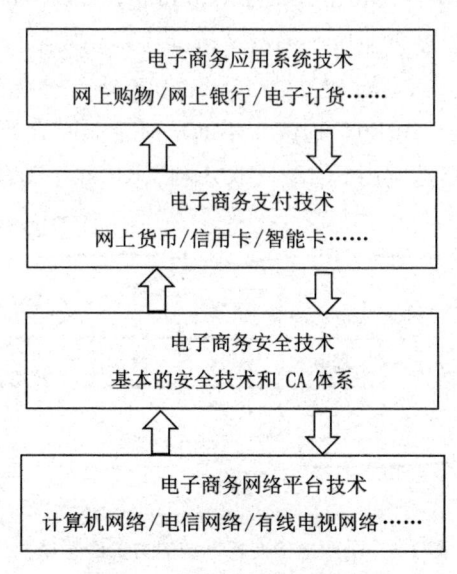

图1-2　电子商务的应用体系

在进行电子商务案例的技术模式分析时，我们需要进行如下几个方面的分析。

(1)公司电子商务应用的总体技术结构图是什么？
(2)公司电子商务应用中网络和通信系统的结构与技术水平。
(3)公司电子商务系统中计算机硬件系统的配置情况。
(4)公司电子商务软件的选择与应用情况。
(5)公司商品扫描系统、支付刷卡系统、企业资源计划(ERP)、客户关系管理(CRM)、供应链管理(SCM)等专用系统的应用情况。
(6)公司电子商务网站的安全解决方案和使用的安全技术。
(7)公司电子商务的支付技术应用情况。

三、电子商务的经营模式

电子商务的经营模式是公司面向供应链，以市场的观点对整个商务活动进行规划、设计和实施的整体结构。

企业电子商务系统的内部经营模式如图1-3所示。建立在 Extranet 基础上的供应链管理(Supply Chain Management，SCM)和客户关系管理(Customer Relationship Management，CRM)是企业电子商务的具体运用；以 Internet 为支撑体系的企业资源规划(Enterprise Resource Planning，ERP)是企业电子商务的基础和具体运用，三者得以使企业所有的商务活动协调完成，为企业开展 B2B 或 B2C 电子商务奠定了基础；而通过建立在 Intranet 基础上的业务流程重组(Business Process Reengineering，BPR)，连续、不断地对企业原有的业务流程进行根本性的思考和管理创新，则是应用 SCM、CRM 和 ERP 的基础和组织保证。

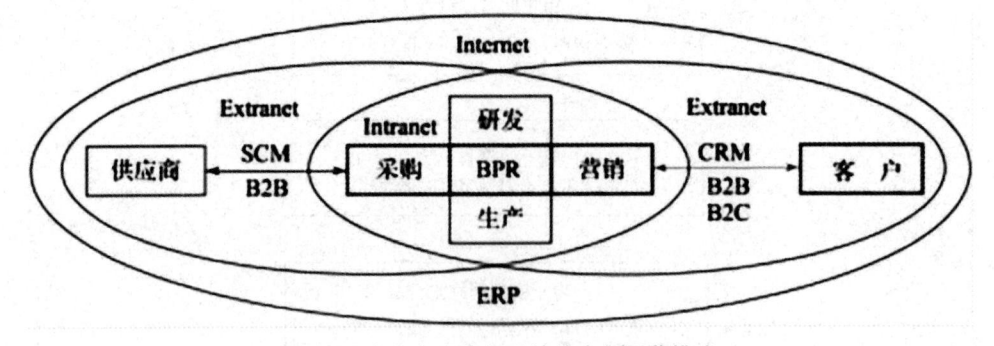

图1-3 企业电子商务系统的内部经营模式

(一)客户关系管理(CRM)

客户关系管理作为完整的企业信息化解决方案，帮助解决以客户为中心的经营管理问题，使企业准确把握和快速响应客户的个性化需求，并让客户满意、忠诚，以保留客户，扩大市场。尽管不同的 CRM 产品包含不同的功能模块，但是，从客户满意出发，其功能基本包括客户数据管理、客户价值管理、客户服务管理、客户沟通管理四个方面(图 1-4)。

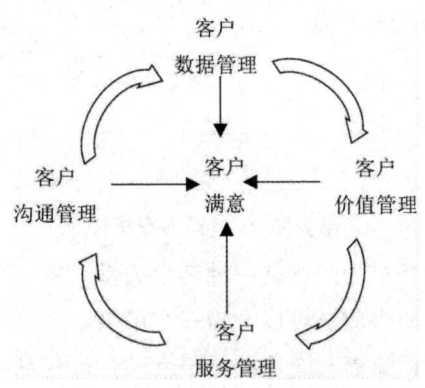

图 1-4　CRM 功能结构图

客户数据管理是 CRM 的基础，通过多个源头对客户数据进行捕捉，并将其存储到客户数据库中，通过提取、处理、解释、产生相应报告，为满足客户的个性化需要提供依据。

客户价值管理是 CRM 的重要内容，通过对客户数据管理积累起来的客户信息数据进行分析，可以对客户进行分类，以掌握不同客户的需要，细分客户需求市场，区别不同客户对企业的价值，采取不同的市场、销售和服务策略。

客户服务管理是 CRM 的核心，根据客户价值管理的结论，就可以对客户提供订购管理、发票/账单、销售及营销的自动化管理、客户服务等。

客户沟通管理是 CRM 的门户，通过客户呼叫中心、电话交流、网上交流、电子邮件、传真信件、直接接触等途径，企业可以和客户保持互动沟通，既为客户满意提供条件，又为客户数据管理积累信息数据。

(二)供应链管理(SCM)

在以客户为中心的市场环境中，真正能使客户满意的是，将满足客户需求的产品在正确的时间内，按照正确的数量、正确的质量和正确的状态送到正确的地点。这样，就在客户、零售及服务商、批发商、研发中心及制造商、供应商，甚至供应商与供应商之间连成了一个完整的网链结构，形成了一条供应链，从而进行信息流、资金流、物流的传递(图 1-5)。供应链管理是指对整个供应链系统进行计划、协调、操作、控制和优化的各种活动和过程，其目标是使供应链上的各

▲▼ "互联网＋"背景下的电子商务研究

个主体形成极具竞争力的战略联盟,并使供应链运行的总成本最小或收益最大。

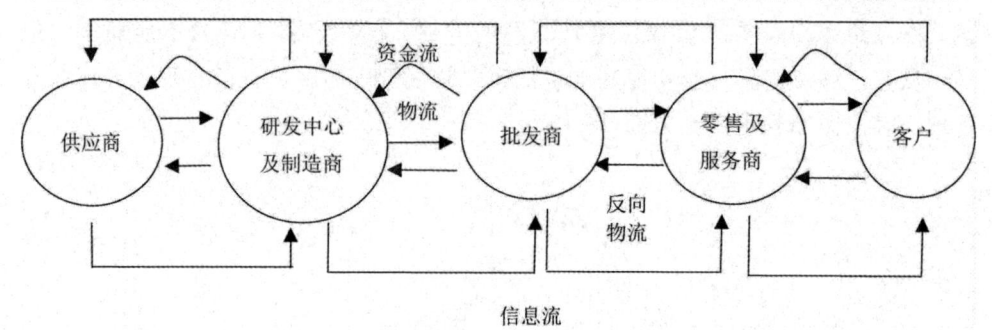

图 1-5　SCM 的内容结构

在供应链中,各个环节之间都是一种客户关系,每一个成员都是其他成员的客户。总体来讲,企业的供应链可以分为三个层级:企业内部的供应链,描述了企业中不同的部门通过物流参与企业的增值活动,这些部门被视为企业内部供应链中的客户或供应商,对企业内部供应链的管理重点是控制和协调部门之间的业务流程和活动,消除部门间的沟通障碍,削减成本,对内外客户的需求和市场变化做出快速反应;企业间的供应链,是由物料获取并加工成中间件或成品,再将成品送到消费者手中的一些企业和部门间的供应链所构成的网络,使多个企业能在整体的管理下实现协作经营和协调运作,实现资源和信息共享,从而大大增强了该供应链在整个市场中的整体优势,并增强每个企业的核心竞争力;全球市场间扩展的供应链,是企业通过 Internet 与它在全球范围内的客户和供应商之间进行沟通,有效地管理企业的供应商和客户,使企业获得更多的商业机会。

(三)企业资源计划(ERP)

在以客户满意为导向的企业电子商务体系中,CRM 系统侧重于管理企业的客户,SCM 侧重于管理企业的供应链,这些都是企业的重要资源,作为企业资源计划系统,建立在信息技术基础之上的 ERP 的管理对象就是企业的各种资源和生产要素,而这些资源在企业运行发展中相互作用,成为企业进行生产活动、满足客户需求、实现企业价值的基础。ERP 能使企业的这些资源始终围绕客户进行配置,在生产中及时、高质地完成客户的订单,最大限度地发挥这些资源的作用。

ERP 系统是将企业的物流、资金流和信息流进行全面一体化管理的管理信息系统,一般包括生产控制、物流管理、财务管理、人力资源管理等通用模块。但是,从客户满意度出发,ERP 的最大价值在于使现代企业的大规模定制生产得以实现，构建客户满意度的微观基础。

在进行电子商务案例的经营模式分析时，我们需要进行电子商务活动如下几个方面的考察和分析。

(1)交易前分析。客户搜寻商品和服务信息的渠道与方式有哪些？商品展示采取什么方式？客户与公司的信息交流采取什么方式？

(2)交易中分析。商务咨询洽谈的方式与途径是什么？交易订单签约方式是电子化的还是纸质的？

(3)交易后分析。交易的货款支付采取何种方式，具有什么特点？商品的物流配送采取哪种方式，具有什么特点？公司提供什么样的电子化服务方式？

(4)商务工具分析。公司在电子商务活动中是否采用了 SCM、CRM、ERP 等系统，效果如何？

四、电子商务的管理模式

电子商务的管理模式是从组织上提供的为保证系统正常运行和发生意外时能保护系统、恢复系统的法律、标准、规章、制度、机构、人员和信息系统等的结构体系，它能对系统的运行进行跟踪监测、反馈控制、预测和决策。

(一)企业电子商务组织的演进及其特征

企业实施电子商务的重要步骤是在公司组织结构上进行科学设计，以适应电子商务的要求。从组织发展的角度来看，企业电子商务组织的演进如图 1-6 所示。

实体企业	虚拟企业	企业电子商务	电子商务企业
功能化	资源分散化	强大技术基础	中介服务
科层化	联系信息化	组织创新	有偿服务
集中化	动态联盟	任务团队	电子经纪
规模化	并行分布作业	独特企业文化	知识性和情报

图 1-6　企业电子商务组织的演进

(二)企业电子商务组织的形态

1. 虚拟企业

一个虚拟企业是由一些独立公司组成的临时性网络。这些独立的公司包括供应商、客户，甚至竞争对手，他们通过信息技术组成一个整体，共享技术、共担成本并可以进入彼此的市场。虚拟企业没有办公中心，也没有组织章程；没有等级制度，也没有垂直体系。战略联盟、核心能力、诚信、组织重建是虚拟企业创立和运行的四个基本要素。

2. 企业电子商务

企业电子商务是指传统企业通过计算机技术、通信技术、网络技术三大技术平台来配置资源，进行生产经营的一种组织形式。

活动、资源、制度、目标构成了企业电子商务的四种重要的组织要素。企业电子商务组织是网络型的组织结构，打破传统理念与地理、产品范围，形成跨地区、跨国界的经营，进入全球化的网络经济领域，是管理层次少、控制幅度大、同层次组织之间平等互利、控制幅度以目标需求为限、纵横联系密切、像一棵棵大树组成大森林那样纵横交织体系的扁平化的组织体系。

3. 电子商务企业

在企业实现商务电子化的同时，商务主体直接交易的便捷性得到了空前提高，交易成本大大降低。电子化交易手段大大扩展了交易主体的选择空间并加快了经济全球化进程，交易主体之间"多对多"的交易关系推动"全球网络化供应链"的形成。纯粹的电子商务企业是组成全球网络供应链的一个重要环节，其目标是通过提供交易信息和交易平台公共服务，提高交易主体之间的交易效率。

（三）企业电子商务的管理流程

电子商务系统的有效运行都要以科学的业务和管理流程为前提。传统的业务流程往往是本应属于整体却被分割在不同的职能部门，或本应分散却又被聚合在一起，难以适应以客户导向、竞争激烈、市场变化为特征的企业经营环境，更难以将与电子商务有关的先进的管理思想和技术根植在企业的经营管理中，因此，进行业务流程重组（BPR）就成了企业实施电子商务重要的基础工作。

BPR 管理思想是美国管理大师 Micheal Hammner 和 James Champy 于 20 世纪 90 年代初提出的，其目的是要对企业的业务流程进行彻底的变革，建立高效的运作机制，从而使企业在激烈的市场竞争中，缩短产品生命周期，降低成本，提高客户的响应度，使客户满意。要使企业的业务流程重组为客户满意提供组织保证，就要正确理解面向客户满意的业务流程的内涵，科学设计以客户为导向的业务流程。

所谓业务流程，是指企业以输入各种原材料和客户需求为起点，直到企业创造出对客户有价值的产品或服务为终点的一系列活动。客户关心的只是流程的终点，但企业必须安排好整个流程，构成一套以客户为导向的流程体系（图 1-7）。

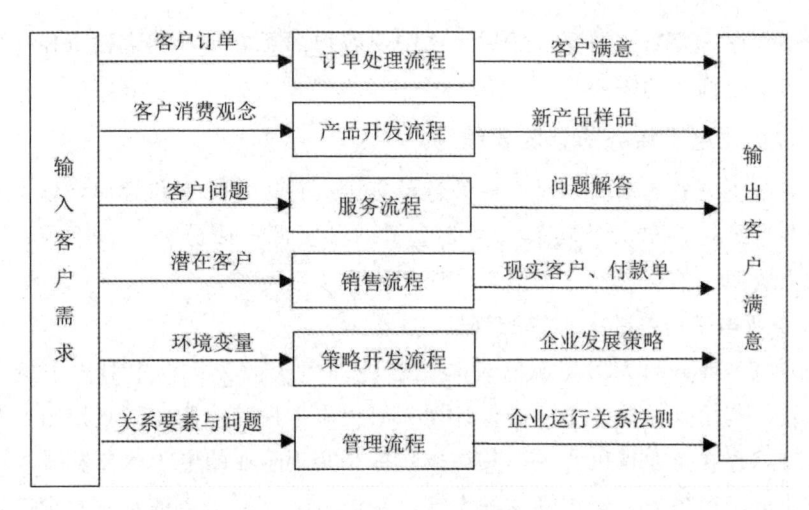

图 1-7 企业业务流程

1. 订单处理流程

输入的是客户的订单或某些需求意向，输出的是客户在正确的时间、正确的地点，以最优的价位获得的正确的产品或服务、客户的付款单以及客户的满意。

2. 产品开发流程

输入的是客户的消费观念、消费欲望和消费倾向，输出的是能够满足客户个性化需求的新产品样品。

3. 服务流程

输入的是各类客户需要了解和处理的问题，输出的是问题的解答和解决方法以及客户的满意。

4. 销售流程

输入是潜在客户，输出的是得到满足的现实客户和付款单。

5. 策略开发流程

输入的是企业的社会使命、客户需求变化等内、外环境的各种变量，输出的是基于客户满意的有关企业发展的各种战略与策略。

6. 管理流程

输入的是企业内、外环境中的各种关系要素与问题，输出的是企业运行的各种关系法则和办法，这一流程涉及企业各种资源的规划、组织和控制，以及企业各个部门之间依次接受产品和服务的内部客户关系的协调。

总之，实施 BPR 如同"白纸上作画"，这张白纸应是为客户准备的，首先应当由客户根据自己的需求填满，其中包括产品的品种、质量、款式、交货期、价格、办事程序、售后服务等，然后企业围绕客户的意愿，开展重建工作，以适应企业实施电子商务的需要。

(四)企业电子商务的资源管理

企业电子商务活动需要对企业的各种资源进行优化配置和管理，以保证企业电子商务系统发挥最大的功效。企业电子商务资源可以分为人力资源、财力资源、物力资源、信息资源、无形资产以及客户关系资源。

1. 企业电子商务的人力资源管理

企业电子商务的人力资源管理是指在企业电子商务运作中对人力资源的取得、开发、利用和保持等方面进行计划、组织、指挥和控制，其直接目标是保证人本管理思想在企业得以实现，其终极目标是实现企业的电子商务发展战略。

企业电子商务人力资源管理的实施，要进行适应网络经济发展要求的职务分析、电子化招聘(网上招聘)、电子化培训与在线学习、电子化沟通、电子化考评等工作。同时，还要建立用工制度、虚拟员工的行为规范、评估制度、薪酬制度等企业电子商务人力资源管理的相关制度。

2. 网络财务管理

电子商务使企业财务管理突破了时空的界限，降低了财务管理的活动成本和财务成本，也使企业的财务管理活动出现了新的风险，这就要求财务管理能够实现新的管理模式和工作方式。

网络财务是一种基于计算机网络技术，以整合实现企业电子商务为目标，以财务管理为核心，财务业务协同，支持电子商务，能够提供互联网环境下财务核算、财务管理及其各种功能的、全新的财务管理系统。通过MRP或ERP将企业业务和财务，物流和资金流、信息流集成起来，也可以开发或引进网络财务软件以实现网络财务管理。

3. 电子化采购管理

电子化采购是通过互联网络，借助计算机管理企业的采购活动。在网络上公布所需产品或服务的内容，供相应的供应商选择；采购企业通过电子目录了解供应商的产品信息；通过比较选择合适的供应商；下订单及后续的采购管理工作。

4. 电子商务的服务管理

电子商务的机遇需要靠优质的服务去把握；客户的选择标准将会集中于服务；电子化交易呼唤人性化服务；服务是维护客户忠诚的基本条件；服务是增强员工凝聚力的重要因素。

这样，就要求服务快速响应，满足客户个性化需求，有独特的网站设计，有一流的客户服务提供者。

电子化服务的实现方式有自建方式和外包方式两种,自建方式是公司自己建立网站,独立提供服务;外包方式是选择虚拟主机或服务器托管,进行标准化的电子化服务。在进行电子商务案例的管理模式分析时,我们需要从如下几个方面进行分析。

(1)公司电子商务组织采用何种形式,具有什么特点?

(2)公司的业务流程具有什么特点,是否适应电子商务的要求?

(3)公司的人力资源管理、财务管理、采购管理、服务管理等专业管理是否采用电子化的手段,有什么特点?

(4)公司电子商务管理通过哪些管理制度和奖惩制度来保证电子商务活动的正常进行?

(5)公司电子商务网站的服务有效性如何?即客户能否迅速地找到常见问题的答案;能否迅速地回复客户的服务请求;网站内容能否随着客户的反馈而不断更新;是否提供 E-mail 服务,把站点的最新更新信息传递给访问者;最有用、最常用的信息是否首先展示给访问者;是否知道经常光顾网站的是谁,他们对哪些信息感兴趣;是否建立了一些方法来分析访问者对产品和服务的需求;能否经常听到客户对站点的正面或反面的评价;是否能及时地捕捉到本公司员工的想法,并把他们的想法在网站公布出来;网站是否为客户和员工提供了网上讨论的功能,并定期进行收集整理等。

五、电子商务的资本模式

电子商务的资本模式是从电子商务资本的进入、运作到退出的整个结构。企业电子商务的资本模式主要有风险投资型的资本模式和传统投资型的资本模式两种。

(一)风险投资型的资本模式

风险投资是由职业金融家的风险投资公司、跨国公司或投资银行所设立的风险投资基金投入到新兴的、迅速发展的、有巨大竞争潜力的企业中的一种权益资本。在这种投资方式下,投资人为融资人提供长期股权投资和增值服务,培育企业快速成长,数年后再通过上市、兼并或其他股权转让等方式撤出投资,取得高额投资回报。

风险投资型的资本模式,是指风险投资对电子商务公司的直接投资,或已经建立电子商务网站的电子商务公司吸引风险投资的介入。这种风险投资一般在电子商务公司创业阶段就进入，因而也被称为创业投资。

成熟的风险投资发源于美国，而且曾经取得了令人瞩目的成功，许多电子商务公司得到大量风险投资的支持，从而得到了快速的发展。20世纪90年代末以来，我国的电子商务和因特网服务领域也开始吸引国外的风险投资。

(二)传统投资型的资本模式

传统投资型的资本模式是指传统企业通过各种形式进入电子商务领域，将资本引入电子商务公司或因特网服务公司。我国传统投资型的资本模式主要有以下几种形式。

(1)传统企业建立网站，实现企业上网。随着Internet的飞速发展和我国企业上网、政府上网的启动，许多传统企业尤其是国有企业，纷纷建立自己的网站，实现了企业上网，在网上发布信息，进行广告宣传或业务洽谈，已经形成了电子商务的雏形。但是，这类企业网站总体来讲投资少，没有形成规模，网站的整体水平不高，未能充分开展电子商务活动。

(2)传统企业直接投资电子商务。这类电子商务资本模式主要是指一些实力比较雄厚的大企业，投资开发自己的网站，并且实现在线交易。这类网站基本具备了企业电子商务的功能，其显著特征是实现了网上订购，但是，网上支付和电子账户等功能还未能实现。

(3)政府或企业投资专业电子商务网站与网上商品交易市场。这类网站往往是针对某一行业，由政府或实力雄厚的企业投资组建，而向某一行业提供电子商务交易平台和面向更多行业的网上交易平台。

(4)传统企业和电子商务网站间的资本联合，实现传统企业与电子商务的结合。这种电子商务资本运作模式有两种情况：一是一些虚拟网站参股传统企业组建电子商务网站；二是传统企业收购虚拟网站，从而进军电子商务。

(5)电子商务公司之间的并购。这种并购是电子商务公司竞争中的一种手段，并购者希望通过并购迅速发展自己。以捆绑的方式提高公司的知名度，而且通过并购吸引到其他公司的大量人才，其最终目的在于吸引更多的投资，为下一步的发展奠定基础。这种电子商务的资本运作方式是电子商务的发展趋势和走向成熟的重要步骤。

进行电子商务案例的资本模式分析，我们需要从如下几个方面来考虑。①企业电子商务网站的资本来源属于风险投资还是传统的产业资本？它主要有哪些来源渠道？②企业电子商务网站的资本来源如果是风险投资，其投资主体是哪些，其投资运作进入哪个阶段，具有哪些特点？③如果企业电子商务业务属于传统投资型的资本模式，那么应采取何种投资形式，其运作过程具有什么特点？

第五节 "互联网＋"背景下电子商务的作用和影响

电子商务通过采用网络技术并以因特网作为最基本的沟通手段，将企业的价值主张通过创新链、供应链和价值链定位，进行持续不断的优化配置。业务（business）仍旧是这种方式的核心部分，而"internet"在其中扮演的是一种沟通手段，用来对核心部分进行优化。

传统的价值思考是一种基于农业经济和工业经济的假想和模式。而在一个飞速变化的全球网络竞争环境中，价值创造的基础逻辑发生了巨大的变化。

农业时代的财富来源于土地，人们运用有限的农业技术来顺应自然力的要求，进行农牧业的开发和财富的积累。这时候，劳动是财富之父，土地是财富之母，劳动成为价值增值的源泉，新土地的使用和土地的兼并则成为价值增值的基础。

工业时代的财富来源于制造，社会通过分工和专业化提高了组织的作用，工厂建立起来后进行生产，大学和研究机构建立起来培养与之相适应的科学技术传播人员和训练劳动力。工业生产的核心特征是"标准化基础上的规模经济"，制造效率的提高成为财富之母，流水线的作用使社会经济高度组织化，效率成为至上的价值来源。

在信息时代，价值越来越多地建立在数据、信息和知识的基础结构上。当服务经济转变到信息经济时，使用电子商务的优势就变得更加清晰。通过因特网，电子商务以一种前所未有的方式集成传统商业活动中的物流、资金流和信息流，同时帮助企业将客户、经销商、供应商以及员工结合在一起。电子商务改变了企业的生产方式，改变了传统的采购、营销及售后服务活动的方式，缩短价值链环节，从而为企业带来巨大的利润。

电子商务是因特网发展日臻成熟的直接后果，是网络技术应用新的发展方向。因特网自身具有的开放性、全球性、低成本、高效率等特点已成为电子商务的内在特征，它不仅使电子商务大大超越了作为一种新的贸易形式所具有的价值，而且为整个社会的价值创造带来了一种新的模式。

一、电子商务对社会生产力的推动作用

以微电子、计算机、通信和网络技术为代表的现代信息技术在经济领域的广

泛应用，使交易成本急剧下降，从而导致信息替代了资本在经济发展中的主导地位。作为重要的生产要素和战略资源，通过因特网传递的大量信息使得现有的社会资源获得高效配置，社会劳动生产率大幅提高，并推进经济结构革新和产业结构的升级。

电子商务对于社会生产力的推动作用突出表现在三个方面。

(一)大幅降低信息成本，提高信息使用效率

作为一个极为重要的商务信息载体和运送平台，电子商务降低了信息来源成本；突破了行业和产品物理特性的限制，使交易范围急剧放大；弥补了信息的不对称性，实现交易信息互换和交易行为的虚拟市场化。从目前市场情况看，电子商城、网上书店和网上拍卖等交易行为无不体现了电子商务与传统交易相比的信息成本优势。信息成本的低廉形成了对电子商务生存的最有力支撑。

(二)大量减少中间环节，降低销售成本和购买成本

电子商务为买卖双方在网上直接交易提供了现实可能性，缩短了供求之间的距离。绕过传统经销商而直接与客户沟通，企业可以将需求直接转化为企业的生产指令，减少了许多中间环节，使得零库存生产成为可能。在批发领域，电子商务可以在很大程度上取代传统商业在商品流通渠道中的批发职能，使批发商的作用大大削弱。除了农业生产资料要面对众多的农户以外，大多数生产消费者都有可能直接上网采购生产资料，普通消费者则可以通过网络购买降低购物成本。

(三)有利于形成高效流通和交换体制

电子商务构成虚拟社会中的整个商品交易的庞大网络，实体社会中商品的盲目实物移动转变为有目标的实物移动。借助于电子商务的信息沟通和需求预测，企业可以组织有效的生产，形成高效的流通和交换体制。政府则可以通过电子商务，将市场、企业和个人连接起来，方便进行宏观调控和微观调控。

二、电子商务是实现经济变迁的重要措施和手段

说到经济变迁，人们会自然联想到制度变迁、技术变迁、体制变迁等。但是，用其中任何一种"变迁"描述信息经济所带给人类经济活动方方面面的深刻变化似乎都显单薄。"经济变迁"也许更多地包容了世纪之交产业社会向知识社会的根本转换，从企业经营管理到经济理论、社会经济结构、经济增长等。而就"变迁"本身而言，它需要"变迁"的内在和外在动力、变迁的传导形态和变迁的阶段性内容。20世纪70年代以来，围绕发达工业国家的经济"滞胀"压力，变迁的外

在动力导致寻找新的经济增长点。

人类社会经济的发展曾经经历了两次重大的转变：一是在1880年前后由农业经济转变为工业经济，二是开始于20世纪70年代的工业经济向知识经济的转化。农业经济和工业经济都属于物质经济，因而农业经济转变为工业经济仍然属于在同一形式下的经济转变。与第一次转变相区别，工业经济转变为知识经济却是由旧的经济形式向新的经济形式的转变，因此这种转变对经济发展的影响要比第一次的转变深远得多、广泛得多。而在这样一种转变过程中，电子商务是一种非常重要的、关键性的措施和手段，因为它是将信息技术与传统经济连接起来的最有效的桥梁。电子商务已经对世界经济发展和竞争格局产生了巨大的影响。

三、电子商务发展是促进市场资源有效配置的必备手段

中国经济的发展需要一个高效、健全、可持续的发展模式，以满足与支持全球资源配置的能力。要发挥我们的比较优势，更需要我们有一个高效而廉价的交易平台。

电子商务是一种手段，也是企业不可忽视的一种竞争力。无论是传统产业的转型，还是新型行业的兴起，都需要发挥电子商务潜在的市场配置能力。

电子商务将政府、企业以及贸易活动所需的其他环节连接到网络信息系统上，在整个供需链与贸易链中，从原材料采购供应到为消费者服务进行双向的信息交换、传递和应用集成，并以高效快捷的信息交流与直接应用完成全部的商务活动，促进各种要素合理流动，消除妨碍公平竞争的制约因素，实现市场对资源的基础性配置作用。在解除了传统贸易活动中的物质、时间、空间对交易双方限制的条件下，电子商务帮助企业实现了资源的跨地域传递和信息共享，在传统贸易运行环境下困扰企业的区位劣势和竞争劣势得以克服。

由于信息在因特网中充分、便捷地流动，减少了产品交易的不确定性和市场发展的盲目性，进一步削弱了因不完全信息或信息的不对称性而产生的市场垄断行为，消除了暗箱操作和信用危机，使整个市场秩序得到优化。

第六节 "互联网＋"背景下电子商务的应用领域

随着互联网普及率的提高，电子商务在各领域的充分渗透使人们的生活越来越离不开互联网服务。广大传统企业也认识到了互联网与电子商务是赢得市场的新手段，而且运用这个新手段的能力正逐渐增强。一些大型骨干企业逐渐意识到

▲▼ "互联网+"背景下的电子商务研究

企业之间的竞争已经不是单个企业的竞争,而是企业供应链联盟的竞争。互联网与电子商务成为促进供应链联盟信息互通和多赢的最方便、最实用的手段。

2016年3月5日,国务院总理李克强在第十二届全国人民代表大会第四次会议中的《政府工作报告》中首次提出制订"互联网+"行动计划,并正式确立其为国家战略。互联网已经逐渐跳出一个行业的范畴,正在成为国民经济的一大新引擎。电子商务开始从社会边缘走向中心,不断取得社会话语权,互联网与电子商务开始在社会民主化、经济体制改革、政府服务、企业运营、社会管理等方面走向更深层次的应用,电子支付、物流配送、安全和信用体系的建立,也为电子商务提供坚实保障。

一、金融领域

在金融领域,第三方支付、众筹、P2P、互联网理财、在线供应链等互联网金融新兴业务的出现和发展,使银行业感受到了前所未有的冲击和压力,互联网企业的金融化倒逼银行在工具服务等诸多领域的不断创新。中国的银行业正在由传统银行向现代化银行转变,转变的推手便是互联网理念、技术、商业模式、客户需求等,它们给传统金融业带来深刻的冲击和挑战,推动着银行业加快转型升级并日益刷新零售银行业服务。目前,国内各大银行都已经显著加大对网络平台的投入力度。

例如,华夏银行手机银行App应用程序,是一个为客户量身打造的移动金融服务平台,App内除了银行该有的账户管理、转账、理财、基金、贵金属、三方存管、信用卡等金融功能外,移动银行还向客户提供购物、话费充值、飞机票、火车票、电影票、代缴交通罚款和代缴水、电、煤等生活服务费。贴心的生活服务,使华夏银行移动银行成为人们的小帮手。同时移动银行客户端具有全程加密、密码超限保护、登录超时控制、手势密码等安全功能,并通过用户设备绑定、短信验证码、挑战性问答、预留信息等多重措施为资金安全提供保障。

再如,中国建设银行旗下的善融商城(http://puy.ccb.com),初看会觉得有点像天猫商城,但是善融商务除了拓展B2C电子商务零售业务外,商城内产品还可以使用该行的分期付款业务,将银行业务融入商城中。在中国建设银行善融商城的金融超市中,持有建行卡的客户可以通过网银支付,方便地进行基金、理财产品的买卖,以及贵金属产品交易。同时,中国建设银行在该平台还开展了地方特产、商旅、房贷分期等不同业务领域的电子商务尝试。善融商城也有配套的独立手机App应用,除此之外,中国建设银行的微信公众号平台内还设置了诸多入口，致力于提供最便捷的服务。

类似的还有民生银行推出的首家积分消费百货店概念的电子商务平台交博汇。其把金融服务作为电子商务平台的核心竞争力，交博汇会员、民生银行信用卡积分乐园会员以及网银账户均可以跨站登录交博汇商品馆，采用身份验证无缝对接"积分＋现金"或"积分＋刷卡"等多重付款选择，让客户享受到积分价值和折扣商品双重优惠。

二、保险行业

随着人们消费习惯的改变和电子商务市场的成熟，网购占比不断提高。以前传统保险公司业务更多是面向储蓄型、万能险产品，投保门槛高、回报率低，让很多人望而却步，而且传统保险销售渠道也由于高成本、银保渠道受政策影响且服务较差等因素，逐渐呈现增长乏力之势，这就为互联网销售渠道提供了发展机会。

通过互联网平台经营保险、大数据等新兴技术能够在多个环节优化保险业务和产品结构，如智能定价、大数据风控等，能够更大程度地发挥普惠金融的理念，也能满足更多人群的各种需求。

百度、阿里巴巴、腾讯这三个互联网巨头早早就进行了保险行业的参与和布局。2013年，阿里巴巴董事局主席马云、腾讯CEO马化腾及平安保险马明哲"三马"联合发起成立了国内首家互联网保险公司——众安保险，并于2013年9月获批开业。2015年，百度联合安联保险和高瓴资本发起成立合资互联网保险公司——百安保险。2016年4月，阿里健康科技、中国太平、太平人寿等一起成立阿里健康保险股份有限公司，主营互联网健康保险相关业务。2016年8月，腾讯旗下子公司参与发起设立的和泰人寿保险股份有限公司获批筹建，腾讯成为和泰人寿第一大股东。

互联网保险市场正在迅速扩张，除了保险公司，第三方保险代理平台也正在通过在线服务方式实现保险销售。新一站保险代理股份有限公司是诸多保险代理电子商务中的一家。新一站保险网（http：//m.xyz.cn/）在互联网与保险的深度融合上做出了大胆创新，提供从保险产品的咨询、购买到理赔等全过程的一站式在线保险服务。利用互联网模式将理赔服务变得简单快捷，让消费者省心省力，是"互联网＋"在保险行业的一次很好的实践，将对保险业的客户满意度提升起到推动作用。

网上购买保险，在国内正在成为一种潮流。保险电子商务平台的保险产品保障条款透明公开，购买支付安全便捷，支持自由选择，让越来越多的人开始选择在线购买保险产品。保险电子商务化也让本来纷繁复杂的保险产品如同超市货架上的商品一样一目了然。

三、游戏产业

游戏作为互联网产业的一部分，在"互联网＋"等战略推动下，已经成为重点发展的领域之一，得到了中华人民共和国国家广播电视总局等政府部门支持。从一个网络游戏的开发设计，到最后被装入玩家的电脑终端运行使用，中间包括了若干环节。许多公司迅速发展，在这个产业链中找到自己的利润增长点。据统计，全球游戏玩家在2016年创造了996亿美元的收入，仅中国市场就占到了全球游戏收入的四分之一。而且自从乔布斯开启了大屏智能手机时代后，手机游戏的发展已经成为一种势不可挡的趋势，甚至在游戏付费市场的份额超过了PC端游戏。

同城游是一款独立运营的大型线上棋牌手机游戏平台，由浙江畅唐网络股份有限公司自主开发。游戏平台在原汁原味地保留地方游戏独特魅力的基础上，又巧妙融合了网络游戏的娱乐性、趣味性和便利性，同时还附带社交的属性，不仅可以发现附近玩游戏的人，牌友之间还可以互加好友。玩家们在享受娱乐趣味的同时，还能够体验浓浓的家乡味儿。游戏中用户可以花钱充值游戏积分、游戏币，而同城游里自带的游戏商城则可以将游戏币、积分兑换成话费以及实物商品，无形中让用户觉得积分和等级是有价值的，这是积分制手机游戏的一个新的盈利思路。

一些大型网游的盈利项目涉及游戏中的虚拟物品，如虚拟金币(货币)、虚拟装备(武器、装甲、药剂等)、虚拟动植物(宠物、盆景等)等。由于游戏的特殊性，涉及游戏交易的都是在特定情况下才可以使用的虚拟物品，伴随着游戏玩家越来越高的消费需求，游戏虚拟物品的第三方交易平台孕育而生。VPGAME就是一家游戏第三方担保交易平台，这是游戏在电子商务中的一种另类方式。由于虚拟物品是一种新生事物，发展又极其迅猛，所以不可避免地存在着很多问题。为了维护玩家利益以及有更好的使用体验，VPGAME先后开发了多种技术和系统，如担保交易技术、价值平衡系统、虚拟货币系统等。

目前，网络游戏虚拟物品的交易已经公开化，其实运营商官方也早已采取了默认的态度。而且随着时间的推移，交易的安全性也在逐步提高。随着法律的不断健全和环境的成熟，虚拟物品交易市场前景将一片大好。

四、司法拍卖

《最高人民法院关于人民法院网络司法拍卖若干问题的规定》：从 2017 年 1 月 1 日起，除法律、行政法规、司法解释规定必须通过其他途径处置，或者不宜采用网络拍卖方式处置的资产外，所有诉讼资产将全部采取网络司法拍卖方式，法院诉讼资产的拍卖全面转向线上。近年来，最高人民法院一直推动阳光司法，在司法诉讼、司法拍卖等诸多领域大力推行互联网化，堪称改革先锋。

司法拍卖电子商务化可以说是里程碑式的社会进步。过去，司法拍卖最多只是信息上网，拍卖过程却依旧留在线下，不仅拍卖效率低下，还容易产生各种问题。如今，淘宝、京东这样的电子商务大平台进入网络司法拍卖名单库，大多数网络司法拍卖都可以直接放在获得拍卖资格的电子商务平台旗下的互联网上进行。电子商务平台可以为司法拍卖带来互联网效率，不仅可以保护拍卖人、竞拍人的隐私，更是让流程透明化，让阳光司法的力量更加强大。

五、网红直播

视频直播受到追捧之时恰恰是跨境电子商务行业处于"水深火热"的时期。随着一大批网红和明星直播效应的凸显，不少人迅速看到了其中隐含的商机。"直播+电子商务"变现的新模式顺势诞生。最早的直播电子商务来自游戏视频行业，不少游戏直播的主播在业余时间开淘宝店，在直播吸引大量人气的同时，靠开店卖零食、电脑外设、游戏周边等产品的副业赚得盆满钵满。

相对于传统电视购物而言，直播是即时互动的，可以问主播问题，还可以跟看直播的人一起通过弹幕等方式交流，所以直播电子商务有一些社交的属性。共同喜欢某个明星或者某个行业内有共同爱好的一群人聚在一起购物，已经有一点"陪逛街"的归属感，更容易勾起大家一起"买买买"的欲望，而传统电视购物是做不到这一点的。

淘宝的尝试结果证明了这一点，"男神奶爸"吴尊在淘宝直播推荐知名奶粉品牌"惠氏启赋"产品，结果 60 分钟的直播，达成超过 120 万元人民币的交易量，直播期间单品转化率高达 36%，是日常转化率的 7 倍之多。目前，天猫、苏宁易购等均已上线直播。唯品会发力"原创视频+导购直播"，宣布从"时尚特卖平台"升级为"时尚生活方式平台"。未来电子商务直播领域的营销潜力值得深挖。

六、美食电子商务

对于资深的互联网用户来说，早已习惯了使用各种团购类的手机 App 和网站。餐饮在线消费中，团购覆盖率为 58%，即超过一半的中国餐厅提供团购服务。这源于兴起最早的团购模式，满足了大量人群寻求优惠的心理诉求。对很多人来说，团购已经成为一种生活方式，我们打开手机轻轻一点，就能轻松下单，价格很便宜，十分方便。但是人们使用团购这一趋势很快被 OTO 外卖平台所超越，而且随着人们生活水平的不断提高，一些细分服务的高品质内容的电子商务也深受人们欢迎。

精选限量美食买手店 ENJOY 迎来最好的发展时机，它的目标客户定位在中产阶级和一些对生活品质有一定追求的人。这个群体人数不占大多数，但是消费能力很强，ENJOY 的客单价都在 200 元人民币以上，刚好是一个不便宜但又花得起的数字。ENJOY 的团队对吃足够了解，知道如何在一家五星级酒店的餐厅里点到好吃而不贵的菜，并且把一整套点菜方案推荐给用户，用户消费之后感觉非常值得。同时，ENJOY 格外注重图片的呈现效果。它现在进驻了 6 个城市，每座城市都有几位全职摄影师专门为商户拍照，他们的作品要负责给大家心理暗示：在这家餐厅用餐是一件美好的事。如果用户对某家商户的反馈不佳，ENJOY 会启动快速的纠错机制，这家商户很快会下架。正因如此，ENJOY 准确抓住了日趋精细化的、真正的用户需求和胃口。

七、汽车行业

在国内，汽车行业已经逐渐认识到发展电子商务的重要性，不论是汽车销售商还是服务商，都在不同程度地研究电子商务的应用，国内与汽车相关的互联网企业也层出不穷地出现，一些大型的门户网站开始提供汽车相关业务。

最近两年，铺天盖地的二手车电子商务广告使"默默无闻"的二手车市场迅速进入大众消费者的视野。在强大的资金支持下，以优信二手车为代表的大型二手车电子商务平台，投入大量资金进入广告市场，并通过极具感染力的广告内容及形式，短时间内积累了大量用户。二手车电子商务平台广告针对传统交易的痛点，树立可靠、诚信的企业形象，同时推动了二手车行业向更加规范化、标准化的方向发展。同时，汽车服务商也逐步实现了从线下到线上的转移。例如，杭州佰用网络科技有限公司开发的车百用 App。它提供的信息服务包含本地线下优惠信息和专家汽车问题咨询问答等，集合 4S 店技术专家、车百用技术专家、资深汽车媒体人组成的专家顾问团为客户答疑解惑。同时，App上还能很方便地查询到附近的线下实体店，客户可自由选择预约上门服务或到店服务。

　　电子商务已经潜移默化地融入人们的生活中，这得益于智能终端的普及。传统互联网为移动互联网的发展提供了很多基本条件，而智能手机、平板电脑等移动终端的普及，让我们随时随地享受信息服务，广泛应用和推广。现在人们出行只需带一只手机几乎就能解决所有的支付问题，这是早几年我们无法想象的。

　　电子商务在各行各业的应用已经改变了人们的生活方式。接下来，如何通过电子商务去引领人们的生活方式成了我们需要思考的一个更大的课题。

第二章 "互联网＋"背景下的电子商务技术基础

第一节 "互联网＋"背景下计算机网络技术研究

一、Internet、Intranet 和 Extranet

(一) Internet

1969年，美国国防部高级研究计划局（Defense Advanced Research Projects Agency，DARPA）给一个研究和开发项目投资，以创建一个实验性的分组交换网络。该网络的名称是 ARPANET，其目的是研究各种能提供强壮、可靠、独立于厂家的数据通信技术，现代很多数据通信技术都是在该网络中开发的。

这一实验性的 ARPANET 非常成功，很多用它联网的单位都用它进行日常的数据通信。1975年，ARPANET 从一个实验性网络变成一个可运行网络，管理该网络的责任落到了国防部通信局（DCA）的肩上。然而，ARPANET 的开发工作并没有停止，它开发了一套在网上交换数据的规则，即现在广为人知的传输控制协议（TCP）和因特网协议（IP）常写为 TCP/IP。

与 TCP/IP 被用作一种标准的同时，Internet 这一术语开始得到普遍的使用。1983年，老的 ARPANET 分裂成 MILNET（国防数据网的无分级部分）和一个新的较小的 ARPANET，术语 Internet 是指这两个网络之和，即 MILNET 加上 ARPANET。1990年，ARPANET 在形式上已不复存在，而现在我们说的 Internet 要比以前大得多，包括在世界各地的很多网络。

Internet 现已发展得大大超过了它原来的规模，成为世界范围内被互联在一起的所有网络的总称，也就是我们说的因特网。它利用 TCP/IP 协议将各个物理网络连接成一个单一的逻辑网络。由于 Internet 的迅速发展，吸引了越来越多的地区性网络和新的组织加入这一网络中来。

因特网的最大优势是它的广袤覆盖及开放结构。由于它是开放结构，许多企业及用户可以按统一的技术标准和较合理的费用连接上网，使网上的主机服务器和终端用户以滚雪球的速度增加，也使其覆盖增长至几乎无限。但它的优点也是它的缺点。因特网的管理松散，网上内容难以控制，保密性难以保障。从电子商务等应用看，安全性差是因特网的又一大缺点，这已成为企业及用户上网交易的重要顾虑。

（二）Intranet

Intranet 一般译为企业内部网、企业内域网、企业内联网等（尚无标准译名），本书中选译为企业内域网。内域网是由某一企业或机构利用因特网的技术，即因特网的标准和协议等建立起来的该企业专用的计算机网络，一般都由该企业自行管理和操作。企业网络的建设由来已久，从主机/终端方式到后来的客户机/服务器方式，前些年，所谓企业网络 Enterprise Network 曾经风行一时。企业网的建设过程，实际上也常常是企业运行、管理、结构、素质等的改造提高过程。

早先的企业网络一般是个封闭的专用网络，使用的网络技术也是各种各样的。后来，因特网转为商用，并引领了网络技术的主流，各种网络都向因特网靠拢。企业网络也不例外，纷纷转向因特网技术。又由于因特网的使用价格较低，连通全球，覆盖无穷，尤其是能连接到广大的中小企业和千千万万的消费者，而这就是无穷的机会，因此，一些地理上分散的跨地域的、跨城市的、跨国家的企业就越来越多地直接利用因特网在广域上传递商务数据。美国人经常创造新词，因为这种企业网络是建立在 Internet 的技术和网络上的，于是，改两个字母，把它叫 Intranet。

企业内域网是为企业内部运作服务的，自然有它安全保密的要求，当它与 Internet 连接时，就要采取措施，防止 Internet 上未授权的无关人员进入，防止企业内部敏感资料的外泄。这些保障内域网安全的硬件、软件措施，通常称为防火墙(Firewall)。防火墙常常是一个介于内域网和因特网其他部分之间的安全服务器。

（三）Extranet

Extranet 暂译为企业外域网，与 Intranet（企业内域网）的译名对应。Extranet 是继 Intranet 之后，网络界人士创造的又一个新词。它是一种合作性网络，一个企业除了利用因特网的技术和标准或直接在因特网上构建企业内域网，满足企业内部运作之外，还经常需要与某些业务关系较密切的本企业集团以外的单位通过网络进行联系，为达成某一共同目标而共享某些资源。

例如，一个制造厂除了要有一个内域网供内部管理之用外，还需与材料供应商、部件供应商、外协单位、产品批发商、用户、银行、工商管理、税务等经常联系，共同使用某些产品资料、零部件目录、材料价格表等。同样，这些共享的资源信息也不希望公开外传，也需要保护。人们很自然会想到，用内域网同样的办法来建立一个连接上述企业、单位、机构的专用网络。这就是企业外域网，从范畴的概念看，有关的各企业内域网的一部分的集合就是企业外域网。

由于越来越多的企业网络不仅采用因特网的技术，还直接利用因特网实现了通信。

因此，从计算机网络的角度看，也可以说，商业化的因特网——众网之网，正是由无数个企业内域网和企业外域网的总和所构成，即因特网是更大的集合——总集合。

二、互联网（Internet）技术

（一）互联网（Internet）的通信协议

1. TCP/IP 协议

为保证 Internet 能够正常工作，要求所有接入 Internet 的计算机都使用相同的网络通信协议。这个协议就是 TCP/IP 协议。TCP/IP 协议就是计算机之间的通信规则，它规定了计算机之间通信的所有细节，如通信双方计算机所使用的数据编码、格式、含义、控制信息以及收到信息后所应采取的动作。TCP 称为传输控制协议，其作用是保证命令或数据能够准确无误地到达其目的端。IP 称为网际协议，它位于 TCP 的下一层，负责完成互联网中包括的路由选择，并跟踪这些包到达不同目的端的路径。

2. IP 地址的概念

Internet 地址是用来确定互联网上每台计算机的位置的，它是区别互联网上所有计算机的唯一标志。目前 Internet 地址使用的是 IPv4（IP 第 4 版本）的 IP 地址，由 32 位二进制数组成，通常把它分为 4 组，每组为 8 位二进制数，用十进制来表示，每组数之间用"."分开。

如 202.119.2.199 为一个 IP 地址，它所对应的二进制数表示方法为：11001010 01110111 00000010 11000111。互联网上的计算机地址有两种表示形式：IP 地址和域名地址。IP 地址是由网络号和主机号两部分组成，前面一部分为网络号，用来标识一个逻辑网络，后面一部分为主机号，用来标识网络中的一

第二章 "互联网+"背景下的电子商务技术基础 ▼▲

台主机。一台Internet主机至少有一个IP地址，而且这个IP地址是全网唯一的。

IP地址分为五类，IP地址中的前5位用于标识IP地址的类别。

3. 域名的概念

IP地址由数字构成，难以记忆，也难以理解。因此，在实际使用中通常采用域名来标识一个主机。TCP/IP的名字管理机制称为域名系统(Domain Name System，DNS)，这是一个层次型的结构。如www.ruc.edu.cn这个名字可标识一台主机，其中cn标识中国，edu表示教育机构，ruc表示人民大学，www表示这台主机是一台www服务器。由后向前，所表示的范围越来越小。

域名归中央管理机构(NIC)管辖，假如一个国家的主机要按地理模式登记进入域名系统，需要首先向NIC申请登记本国的第一级域名(一般采用该国国际标准的二字符标识符)。NIC将第一级域的管理特权分派给指定管理机构，各管理机构在对其管辖范围内的域名空间继续划分，并将各子部分管理特权授予子管理机构。如此下去，便形成层次型域名。例如，以.cn结尾的域名全部由中国的域名管理机构管理。

(二)互联网(Internet)接入技术

要使用互联网，首先必须使计算机与互联网连接。所谓"连接"，就是说，任何计算机只要采用TCP/IP通信协议，与互联网上的某个主机相连即可，一旦完成这种连接，就可以访问并使用互联网的丰富资源。

目前互联网的接入技术主要有以下几种：PSTN接入、专线(DDN)接入、ISDN接入、数字用户线路(XDSL)接入、光纤接入和无线接入等。

1. PSNT接入

PSTN就是我们熟悉的电信局电话交换网。它接入互联网的方式就是利用普通电话线拨号上网。传统的调制解调器是模拟方式的，它将数字信号调制到0～4kHz的话音信道中，以模拟的方式在电话线上传，到了端局再经过解调恢复成数字信号。目前最高接入速度为56Kbit/s。

2. ISDN接入

在PSTN系统中对语音的传输采用的是模拟传输，对语音传输有着良好的支持。而对诸如数据传输、传真等现代通信则不能提供合适的服务。

ISDN(Integrated Services Digital Network)的主要目标就是提供适合于语音和非语音的综合通信系统来代替传统的模拟电话系统。ISDN是由综合数字电话网发展起来的一个网络，它提供端到端的数字连接以支持广泛的服务，它可为用户提供 128Kbit/s 的接入速度。

3. 专线(DDN)接入

数据专线接入(Digital Data Network)即数字数据网，是利用光纤、数字微波或卫星等数字传输通道和数字交叉复用设备组成，能为用户提供高质量的、永久连接的数据传输通道，传送各种数据业务。其特点是传输率高、网络延时小、可靠性高、安全性好。DDN 的传输速度为 $N\times 64$Kbit/s($N=1\sim 32$)和 $N\times 2$Mbit/s 的国际、国内高速数据专线业务。但在使用中，由于整个链路被企业独占，所以费用很高，因此中小企业较少选择。

4. 数字用户线路(XDSL)接入

XDSL(数字用户线路，Digital Subscriber Line)是以铜电话线为传输介质的传输技术组合，它包括普通 DSL、HDSL(对称 DSL)、ADSL(不对称 DSL)、VDSL(甚高比特率 DSL)、SDSL(单线制 DSL)等，一般统称为 XDSL。它们之间的主要区别体现在信号传输的速度和距离的不同，以及上行速度和下行速度对称性的不同这两个方面。其中 ADIS 是目前应用最广的。所谓 ADSL(非对称数字用户环路，Asymmetric Digital Subscriber Loop)能够在现有的铜双绞线，即普通电话线上提供高达 8Mbit/s 的高速下行速度，远高于 ISDN 速度；而上行速度有 1Mbit/s，传输距离达 3~5km。其优势在于可以充分利用现有的电话线网络，在线路两端加装 ADSL 设备即可为用户提供高宽带服务，而不需要重新布线。

5. 线缆调制解调器(Cable Modem)

目前，我国有线电视网已经遍布全国，有线电视所使用的同轴电缆以其高带宽和低衰耗在传输性能方面提供了与双绞线所无法比拟的优点。混合光纤/同轴 HFC 接入技术是基于同轴电缆的互联网接入。电缆调制解调器(Cable Modem)就是通过 Cable Modem 访问互联网，根据其上下行信息传输速度的分配可分为两种类型：一种是上下对称，可达到双向 4Mbit/s 或 10Mbit/s，比较适合于商业用户；另一种为上下非对称，其下行速度可达到 10~30Mbit/s，上行为 768~3Mbit/s，它比较适合只从互联网上获取信息或下载文件的家庭用户。由于 Cable Modem 的工作方式是共享宽带的，所以当用户数量增多时可能会出现速度下降的情况。

6. 光纤接入

光纤接入技术是面向未来光纤到路边(HTTC)和光纤到户(HTTH)的宽带网络接入技术。它是指局端与用户之间完全以光纤作为传输媒体。光纤接入可以分为有源光接入和无源光接入。光纤用户网的主要技术是光波传输技术。

7. 无线接入

无线接入技术分为两类：一是固定接入方式，包括微波、扩频微波、卫星和特高频；二是移动接入方式，包括蜂窝数字分组数据（CDPD）、电路交换蜂窝、专用分组无线传输和个人通信业务。

典型的固定无线接入技术本地多点分配业务 LMDS(Local Multipoint Distribution Service)工作在 20~40GHz 频带上，传输容量可与光纤比拟，同时又兼有无线通信经济和易于实施等优点。它可在短距离实现双向传输话音、数据图像、视频、会议电视等宽度业务；可支持所有主要的话音和数据传输标准，如 ATM、TCP/IP、MPEG-2 等标准。LMDS 的优点是带宽可与光纤相比拟，实现"无线光纤"到楼，可用频带至少 1GHz；缺点是它的传输距离较短，仅 5~6km 左右，降雨时很难工作。

典型的移动无线接入技术有 GSM 接入、CDMA 接入、GPRS 接入以及 CDPD 接入。其中，CDPD 接入技术最大的特点就是传输速度快，最高的通信速度可以达到 19.2Kbit/s。另外，在数据的安全性方面，由于采用了 RC4 加密技术，所以安全性相对较高；正反向信道密钥不对称，密钥由交换中心掌握，移动终端登录一次，交换中心自动核对旧密钥更换新的密钥一次，实行动态管理。此外，由于 CDPD 系统是基于 TCP/IP 的开放系统，因此我们可以很方便地接入互联网，所有基于 TCP/IP 协议的应用软件都可以毋须修改直接使用，应用软件开发简便，移动终端通信编号直接使用 IP 地址。

三、3G、4G、5G

（一）3G

3G，全称 3rd Generation，中文称第三代数字通信。经国际电信联盟认可的 3G 标准有 WCDMA、CDMA2000 和 TD-SCDMA。3G 的出现使移动通信前进了一大步，相对于 2G，它能够提供更大的容量、更佳的通信质量，并且支持多媒体应用。

3G 系统以码分多址（CDMA）为技术基础。码分多址是将相互正交的不同的码分配给不同用户调制信号，实现多用户同时使用同一频率接入系统，由于利用相互正交（或尽可能正交）的码去调制信号，会将原用户信号频谱带宽扩展，因此 CDMA 通信系统是一种典型的扩频通信技术的应用。

3G 采用的主要是蜂窝组网，其系统如图 2-1 所示，它的核心网是在 CSM 系统的核心网 CSM-MAP 和 AMPS、IS-95 的核心网 ANS-41 的基础上发展而来的，其空中接口与相应的 2G 系统后向兼容。它的三种工作模式为：单载波频分双工、多载波频分双工和时分双工方式。

虽然 3G 和 2G 相比，有很多优点，但是 3G 还是存在着很多不尽人意的地方，如 3G 缺乏全球统一的标准；3G 所采用的语音交换架构仍承袭了 2G 系统的电路交换，而不是纯 IP 的方式；3G 的业务提供和业务管理不够灵活，流媒体（视频）的应用不尽如人意；3G 的高速数据传输不成熟，接入速率有限；安全方面存在算法过多、认证协议容易被攻击等安全缺陷。现代通信要求能提供移动用户超宽带的多媒体服务，因此，必须建立能够最优地传输 TCP/IP 数据包、完全不同于 2G 与 3G 无线网络结构的新系统，所以 4G 成了研究的热点。4G 与 3G 相比，在技术和应用上有质的飞跃。4G 将适合所有的移动通信用户，最终实现商业无线网络、局域网、蓝牙广播、电视卫星通信的无缝衔接和相互兼容。

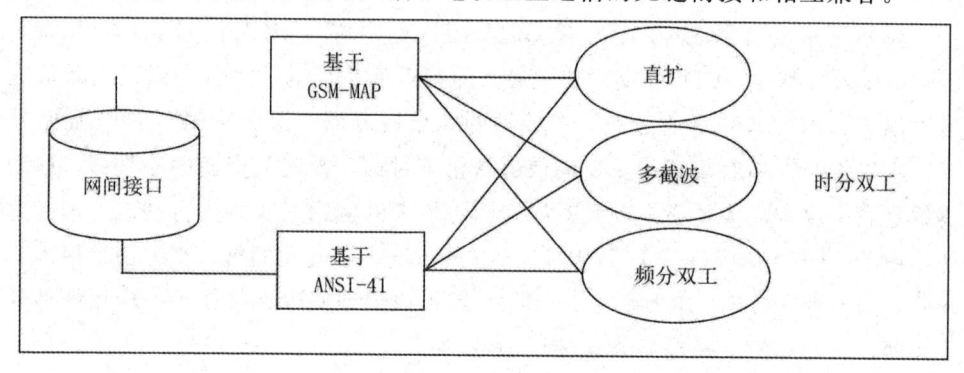

图 2-1　3G 移动通信系统

（二）4G

4G 是第四代移动通信技术的简称，其能够传输高质量视频图像以及图像传输质量与高清晰度电视不相上下的技术产品。4G 的概念可称为广带（Broadband）接入和分布网络，具有超过 200Mbps 的非对称数据传输能力，对全速移动用户能提供 150Mbps 的高质量的影像服务，并首次实现三维图像的高质量传输，无线用户之间可以进行三维虚拟现实通信。它包括广带无线固定接入、WLAN、移动广带系统和互操作的广播网络。在不同的固定无线平台和跨越不同频带的网络中，4G 可提供无线服务，并在任何地方宽带接入互联网（包括卫星通信和平流层通信），提供信息通信以外的定位定时、数据采集、远程控制等综合功能。同时，4G 系统还是多功能集成的宽带移动通信系统，是宽带接入 IP 系统。

4G 移动通信系统采用的关键技术有正交频分复用（OFDM）技术、多输入多输出（MIMO）技术、智能天线（SA）技术以及软件无线电（SDR）技术。

在4G中采用OFDM(正交频分复用)技术。OFDM技术是一种可以有效对抗信号间干扰的高速传输技术,具有良好的抗干扰性能。OFDM属于多载波调制(MCM),它将指配的信道分成许多正交子信道,在每个子信道上进行窄带调制和传输,同时要求信号带宽小于信道的带宽。

4G发展是以数字广带(Broad-band)为基础的网络。采用全IP的优点有:可以实现不同网络间的无缝互连;全IP也是一种低成本的集成目前网络的方法。4G系统的核心网是一个基于全IP的网络,因此核心网独立于各种具体的无线接入方案,能提供端到端的IP业务,能同已有的核心网和PSTN共存。4G网络结构如图2-2所示。

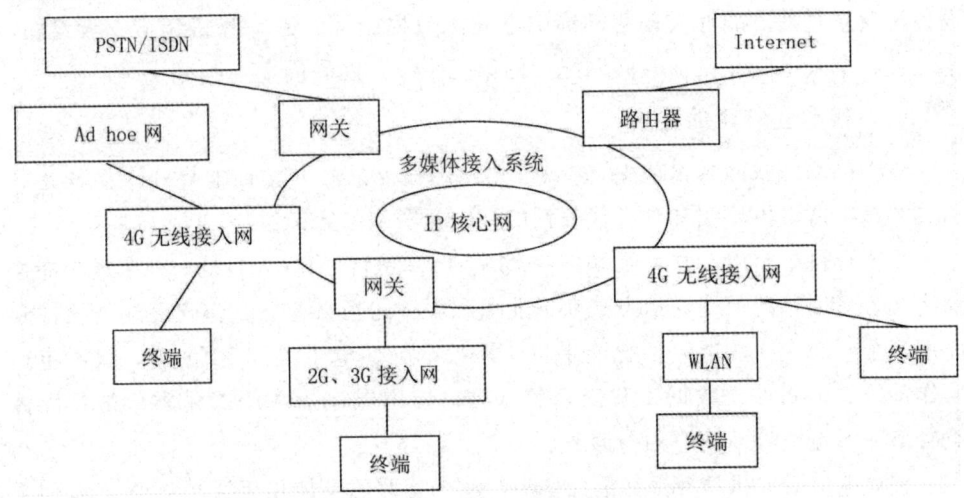

图2-2 4G移动通信系统网络结构图

3G采用的是CDMA技术,利用正交码来区分用户,有FDD和TDD两种双工方式来使用其2GHz附近的对称和非对称频段。而4G最有可能用的接入方式OFDM或MC-CDMA采用全数字安全技术,支持分组交换,使系统容量、频谱效率和传速率大为提高,并与现存的CDMA标准、CDMA2标准、TD-SCDMA标准(即3G三大标准)兼容。

(三)5G

5G,第五代移动电话行动通信标准,也称第五代移动通信技术,是4G之后的延伸,5G网络的理论传输速度超过10Gbps(相当于下载速度1.25GB/s)。

5G标志性能力指标为"Gbps用户体验速率",一组关键技术包括大规模天线阵列、超密集组网、新型多址、全顺谱接入和新型网络架构。大规模天线阵列是提升系统频谱效率的最重要技术手段之一,对满足5G系统容量和速率需求将起到重要的支撑作用；超密集组网通过增加基站部署密度，可实现百倍量级的容量提升，是满足5G千倍容量增长需求的最主要手段之一；新型多址技术通过发送信号的叠加传输来提升系统的接入能力，可有效支撑5G网络千亿设备连接需求；全频谱接入技术通过有效利用各类频谱资源，可有效缓解5G网络对频谱资源的巨大需求；新型网络架构基于SDN、NFV和云计算等先进技术，可实现以用户为中心的更灵活、智能、高效和开放的5G新型网络。

四、移动互联网

移动互联网是移动通信和传统互联网融合的产物，移动互联网通过无线接入设备访问互联网，能够实现移动终端之间的数据交换，是计算机领域继大型机、小型机、个人电脑、桌面互联网之后的第五个技术发展周期。

（一）移动互联网的定义

尽管移动互联网是目前IT领域最热门的概念之一，然而业界并未就其定义达成共识。这里再介绍几种有代表性的移动互联网的定义。

百度百科中指出：移动互联网（Mobile Internet，简称MI）是一种通过智能移动终端，采用移动无线通信方式获取业务和服务的新兴业态，包含终端、软件和应用三个层面。终端层包括智能手机、平板电脑、电子书和MID等；软件包括操作系统、中间件、数据库和安全软件等；应用层包括休闲娱乐类、工具媒体类、商务财经类等不同应用与服务。

独立电信研究机构WAP论坛认为：移动互联网是使用手机、PDA或其他手持终端通过各种无线网络进行数据交换。中兴通讯则从通信设备制造商的角度给出了定义：狭义的移动互联网是指用户能够使用手机、PDA或其他手持终端通过无线通信网络接入互联网，广义的定义是指用户能够使用手机、PDA或其他手持终端以无线的方式通过各种网络（WLAN，BWLL，GSM，CDMA等）来接入互联网。可以看到，对于通信设备制造商来说，网络是其看待移动互联网的主要切入点。

MBA智库同样认为移动互联网的定义有广义和狭义之分。广义的移动互联网是指用户可以使用手机、笔记本等移动终端通过协议接入互联网，狭义的移动互联网则是指用户使用手机终端通过无线通信的方式访问采用WAP的网站。

Information Technology论坛认为：移动互联网是指通过无线智能终端，比如智能手机、平板电脑等使用互联网提供的应用和服务，包括电子邮件、电子商务、即时通信等，保证随时随地的无缝连接的业务模式。

认可度比较高的定义是中国工业和信息化部电信研究院在2011年的《移动互联网白皮书》中给出的：移动互联网是以移动网络作为接入网络的互联网及服务，包括三个要素：移动终端、移动网络和应用服务。该定义将移动互联网涉及的内容主要囊括为三个层面，分别是：①移动终端，包括手机专用移动互联网终端和数据卡方式的便携电脑；②移动通信网络接入，包括3G、4G甚至5G等；③公众互联网服务，包括Web、WAP方式。移动终端是移动互联网的前提，接入网络是移动互联网的基础，而应用服务则成为移动互联网的核心。

上述定义给出了移动互联网两方面的含义：一方面，移动互联网是移动通信网络与互联网的融合，用户以移动终端接入无线移动通信网络(3G网络，4G网络，WLAN，WiMax等)的方式访问互联网；另一方面，移动互联网还产生了大量新型的应用，这些应用与终端的可移动、可定位和随身携带等特性相结合，为用户提供个性化的、位置相关的服务。

(二)移动互联网的基本特点

(1)终端移动性：通过移动终端接入移动互联网的用户一般都处于移动之中。

(2)业务及时性：用户使用移动互联网能够随时随地获取自身或其他终端的信息，及时获取所需的服务和数据。

(3)服务便利性：由于移动终端的限制，移动互联网服务要求操作简便，响应时间短。

(4)业务/终端/网络的强关联性：实现移动互联网服务需要同时具备移动终端、接入网络和运营商提供的业务三项基本条件。

移动互联网相比传统固定互联网的优势在于：实现了随时随地的通信和服务获取；具有安全、可靠的认证机制；能够及时获取用户及终端信息；业务端到终端的流程可控等。劣势主要包括：无线频谱资源的稀缺性；用户数据安全和隐私性；移动终端硬软件缺乏统一标准；业务互通性差等。移动互联网业务是多种传统业务的综合体，而不是简单的互联网业务的延伸，因而产生了创新性的产品和商业模式。

(1)创新的技术与产品：如通过手机摄像头扫描商品条码并进行比价搜索、重力感应器和陀螺仪确定目前的方向和位置等，内嵌在手机中的各种传感器能够帮助开发商开发出各种超越原有用户体验的产品。

(2)创新的商业模式：如风靡全球的App Store＋终端营销的商业模式，以及将传统的位置服务与SNS、游戏广告等元素结合起来的应用系统等。

(三)移动互联网的架构

1. 移动互联网的技术架构

移动互联网的出现带来了移动网和互联网融合发展的新时代,移动网和互联网的融合也会是在应用、网络和终端多层面的融合。为了能满足移动互联网的特点和业务模式需求,在移动互联网技术架构中要具有接入控制、内容适配、业务管控、资源调度和终端适配等功能。构建这样的架构需要从终端技术、承载网络技术以及业务网络技术各方面综合考虑。如图2-3所示为移动互联网的典型体系架构模型。

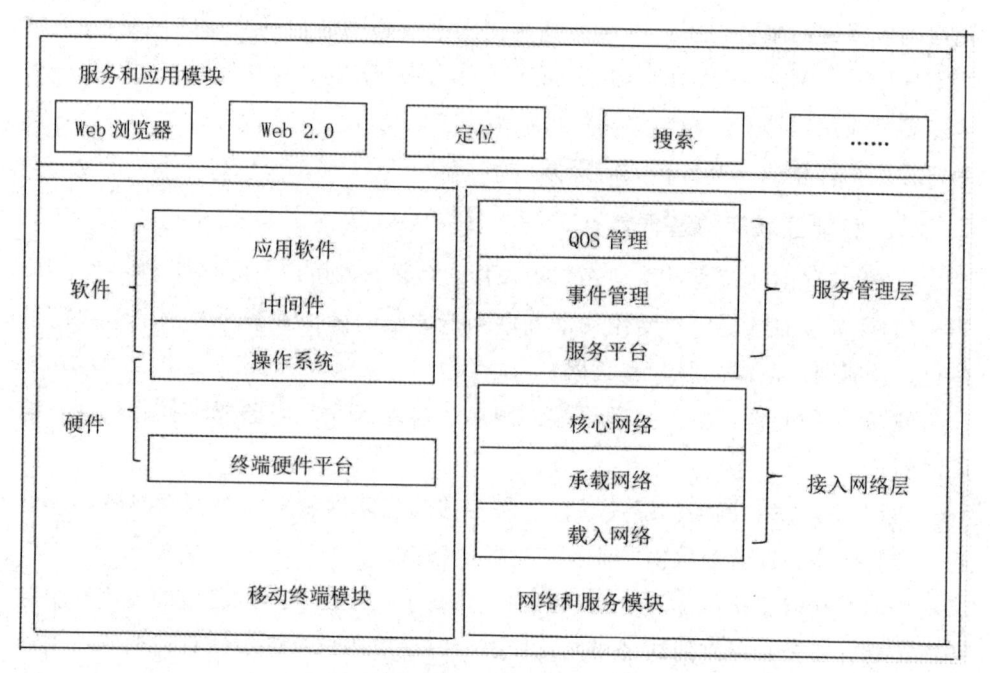

图2-3 移动互联网的典型体系架构模型

(1)业务应用层:提供给移动终端的互联网应用,这些应用中包括典型的互联网应用,比如网页浏览、在线视频、内容共享与下载以及电子邮件等,也包括基于移动网络特有的应用,如定位服务、移动业务搜索以及移动通信业务,比如短信、彩信、铃音等。

(2)移动终端模块:从上至下包括终端软件架构和终端硬件架构。①终端软件架构:包括应用App、用户U1、支持底层硬件的驱动、存储和多线程内核等。②终端硬件架构:终端中实现各种功能的部件。

(3)网络与业务模块:从上至下包括业务应用平台和公共接入网络。①业务应用平台：包括业务模块、管理与计费系统、安全评估系统等。②公共接入网络：包括接入网络、承载网络和核心网络等。

从移动互联网中端到端的应用角度出发，又可以绘制出如图 2-4 所示的业务模型。从该图可以看出，移动互联网的业务模型分为五层。

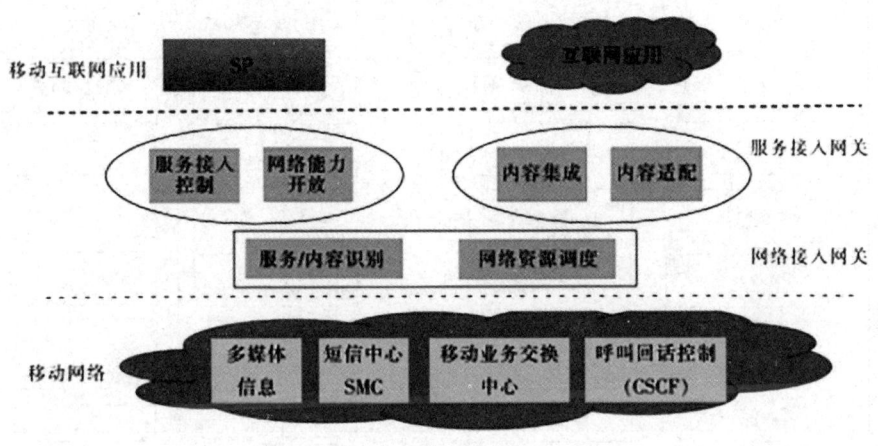

图 2-4 移动互联网端到端的技术架构

①移动终端：支持实现用户 U1、接入互联网，实现业务互操作。终端具有智能化和较强的处理能力，可以在应用平台和终端上进行更多的业务逻辑处理，尽量减少空中接口的数据信息传递压力。

②移动网络：包括各种将移动终端接入无线核心网的设施，比如无线路由器、交换机、BSC、MSC 等。

③网络接入：网络接入网关提供移动网络中的业务执行环境，识别上下行的业务信息、服务质量要求等，并可基于这些信息提供按业务内容区分的资源控制和计费策略。网络接入网关根据业务的签约信息，进行网络资源动态调度，最大程度地满足业务的 QoS 要求。

④业务接入：业务接入网关向第三方应用开放移动网络能力 API 和业务生成环境，使互联网应用可以方便地调用移动网络开放的能力，提供具有移动网络特点的应用。同时，实现对业务接入移动网络的认证，实现对互联网内容的整合和适配，使内容更适合移动终端对其的识别和展示。

⑤移动网络应用：提供各类移动通信、互联网以及移动互联网特有的服务。

移动互联网作为传统互联网与传统移动通信的融合体，其服务体系也是产生于上述两者。移动互联网的业务模型如图 2-5 所示。

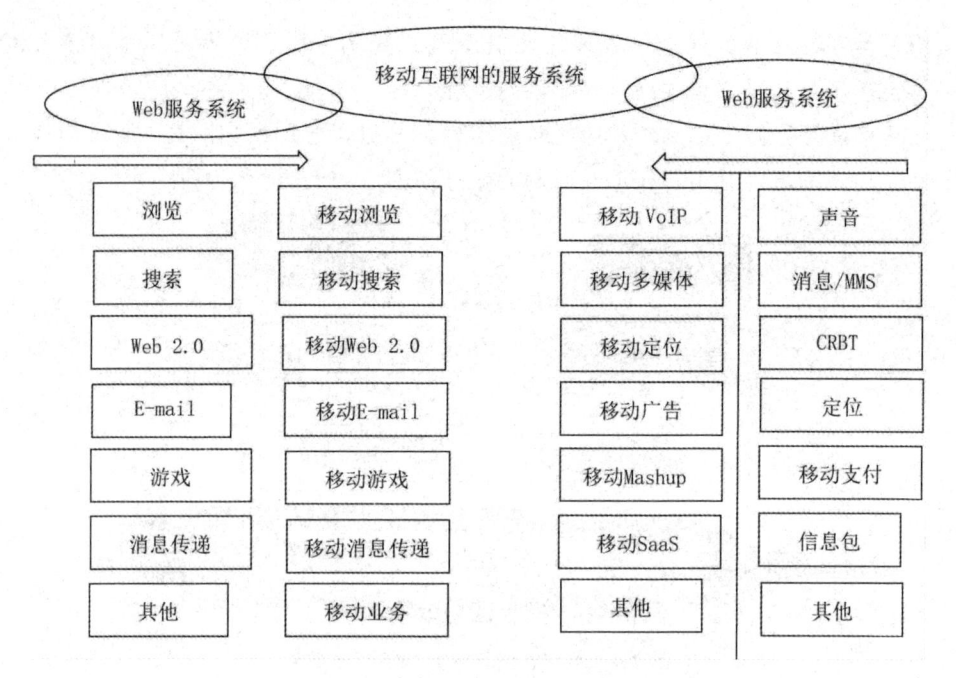

```
         移动互联网的服务系统
  Web服务系统              Web服务系统
```

浏览	移动浏览	移动VoIP	声音
搜索	移动搜索	移动多媒体	消息/MMS
Web 2.0	移动Web 2.0	移动定位	CRBT
E-mail	移动E-mail	移动广告	定位
游戏	移动游戏	移动Mashup	移动支付
消息传递	移动消息传递	移动SaaS	信息包
其他	移动业务	其他	其他

图 2-5　移动互联网的业务模型

移动互联网的业务主要包括三大类：

①固定互联网业务向移动终端的复制：实现移动互联网与固定互联网相似的业务体验，这是移动互联网业务发展的基础。

②移动通信业务的互联网化：使移动通信原有业务互联网化，目前此类业务并不太多，如意大利的"3公司"与"Skype公司"合作推出的移动VoIP业务。

③融合移动通信与互联网特点而进行的业务创新：将移动通信的网络能力与互联网的网络与应用能力进行聚合，从而创新出适合移动终端的互联网业务，如移动Web2.0业务、移动位置类互联网业务等，这也是移动互联网有别于固定互联网的发展方向。

第二节　"互联网＋"背景下电子数据交换技术研究

当今世界，信息技术正以其强大的渗透力，深入到社会经济生活的各个方面。在商业金融等领域，电子数据交换（Electronic Data Interchange，简称EDI）作为一种新的商务手段正在被广泛使用，以取代传统的商务交易方式。

一、EDI 的定义与构成

（一）EDI 的定义

联合国国际贸易法委员会（UNCTTRAL）对 EDI 的定义：EDI 是利用符合标准的结构化的信息从计算机到计算机之间的电子传输。

国际标准化组织（ISO）对 EDI 的定义：为商业或行政事务处理，按照一个公认的标准，形成结构化的事务处理或消息报文格式，从计算机到计算机的数据传输方法。

国际电报电话咨询委员会（CCITT）对 EDI 的描述为：计算机到计算机的结构化的事务数据交换。

虽然以上各个组织对于 EDI 的定义说法不一，但对于 EDI 基本含义的认识还是基本一致的，即 EDI 是指将商业或行政事务处理中的数据按公认的标准，形成结构化的事务处理的报文数据格式，并将报文通过计算机网络在计算机之间进行传输的方法。

EDI 作为计算机通信技术的一部分，其应用范围远不止通常意义上的贸易部门。实际上，它可以应用于各种部门经济之中：制造业、运输业、零售业以及卫生保健和政府部门，甚至可以应用于经济部门以外的其他部门，只要那里是用计算机进行管理的，而且需要在不同的单位间进行文件资料的交换和处理。当然，在大多数情况下，人们谈到 EDI 时，还是指各经济部门之间的计算机数据交换，也就是计算机通信技术在各项经济业务中的应用。

（二）EDI 的构成

EDI 可以分成三个部分：EDI 的标准、EDI 的软件和 EDI 的硬件。

1. EDI 的标准

所谓 EDI 标准，是指它的数据标准。我们知道，EDI 是以格式化的、可用计算机自动处理的方式来进行的公司间文件交换。在用人工处理订单的情况下，工作人员可以从各种不同形式的订单中得出所需信息，如型号、规格、数量、价格、交货日期等。这些信息可以是用手工书写的方式，也可以是用打字的方式；可以先说明所要的规格、型号，再说明价格；也可以先说明价格，再说明所要的规格、型号。订单处理人员在看到这些格式各异的订单时，是能看懂其上所传达的信息的，但计算机却没有这种本领。要使计算机"看懂"订单，订单上的有关信息就不应该是自然文字形式，而应是数码形式，并且这些数码应该按照事先规定的格式和顺序排列。事实上，商务上的任何数据和文件的内容，都要按照一定的格式和顺序才能被计算机识别和处理。这些大家共同制定并遵守的格式和顺序就是 EDI 的标准。

EDI 的标准有四种：企业专用标准、行业标准、国家标准和国际标准。

(1)企业专用标准。当某一公司采用计算机进行管理时，就需要使输入计算机的数据或文件具有一定的格式。这种标准专门适用于某个公司的情况，并将该公司的数据都纳入这个标准中去。

(2)行业标准。企业各自维持互不相通的数据标准在 EDI 应用于商务领域的初期是难免的，但随着 EDI 应用的发展，各个企业都认识到，如果能把各个不同的企业专用标准统一成一个标准，就会给大家都带来好处。在此共同的认识下，大家克服了在建立统一标准问题上的分歧，从而形成该企业共同采用的行业标准。

(3)国家标准。行业标准的出现和企业专有标准相比，是一个巨大的进步，但它还不是最终解决问题的方法。当一个公司的业务不限于本行业，还需要和其他行业做生意时，行业标准就有了局限性，这个公司可能被迫维持多种标准。于是，正如不同的企业专用标准最终会产生一个统一的行业标准那样，不同的行业标准又会促使大家去开发一种适用于各个行业的国家标准。它具有足够的灵活性，以满足各个行业的需要。

(4)国际标准。目前，世界上通用 EDI 标准有两个：一个是由美国国家标准局(ANSI)主持制定的 X.12 数据通信标准，它主要在北美使用；另一个标准是 EDIFACT (Electronic Data Interchange for Administration, Commerce and Transportation)，最早在西欧使用。近年来，联合国鉴于 EDI 有助于推动国际贸易程序与文件的简化，经有关标准化组织的工作，EDIFACT 已被作为事实上的 EDI 国际标准。现在，ANSI X.12 和 EDIFACT 两项标准已经被合并成为一套世界通用的 EDI 标准，可以使现行 EDI 客户的应用系统有效地移植过来。

2. EDI 的软件

人们所说的 EDI 软件在大多数情况下是指翻译软件，其主要功能是把某个公司的各种商务文件和单证从该公司专有的文件格式转换成某种标准的格式，比如说转换成 X.12 格式或 EDIFACT 格式，同时，这个翻译软件也能够把某种标准格式的文件转换成某公司的专用格式。之所以需要翻译软件，是因为计算机应用系统只能够处理符合某种格式的数据或文件。各个公司由于自己的业务特点和工作需要，它们在设计自己的计算机应用系统的时候，不可能采用完全相同的格式。因此，要实现不同公司之间的 EDI 通信，翻译软件是不可缺少的。EDI 翻译软件除了转换文件格式以外，还必须指导数据的传输，并保证传输的正确和完整。它应该知道贸易伙伴用的是什么标准，并能处理有关的问题等。例如，一个公司可能使用不同的增值网向许多贸易伙伴发送电子单证，如发票、订购单等。另外，这些电子单证有可能使用不同的标准，或虽使用同一标准却用了不同的版本，要确保每个贸易伙伴在适当的网络上自动地接收到这个公司所发送的标准文本并不容易。另外，如果发生了什么传输或翻译上的问题，这个系统应该能够辨明发生了什么问题，并采取适当的行动去纠正。EDI 翻译软件工作原理图，如图 2-6 所示。

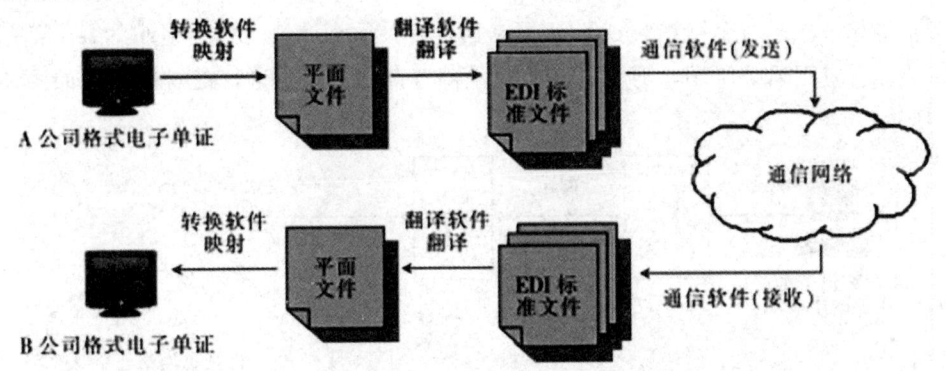

图 2-6 EDI 翻译软件工作原理图

一般来说，一个翻译软件应包括五个主要文件：贸易伙伴文件、标准单据文件、网络文件、安全保密文件、差错管理文件。它们和主处理程序相互作用来完成翻译、发送和接受电子单证的工作。

(1) 贸易伙伴文件。贸易伙伴文件中保存着使用者的所有贸易伙伴的信息，包括这些贸易伙伴的名字、地址、标识、所使用的增值网，在紧急情况下和谁联系被发送和接收的单据，等等。随着公司业务的不断发展，其贸易伙伴会不断增加，此文件也要不断更新。

(2) 标准单据文件。技术人员用现存的标准格式制作单据，并把它们存储起来以备将来之用。例如，把符合 X.12 标准的采购订单文件存储在标准单据文件里。它把所有的单证及其结构都罗列出来，同时还把必备的数据段和可选数据段的定义以及它们的形态结构等都列了出来。当和贸易伙伴发生联系时，用户可以很容易地利用标准单据文件里存储的单证模式构造出一个符合标准的单证来。

(3) 网络文件。网络文件里包含着公司的贸易伙伴所使用的网络的信息，诸如网络识别、电话号码、传输协议以及传输速度等。根据贸易伙伴的标识符就可以由此文件知道应该向哪儿,以及怎样传送 EDI 报文。

(4)安全保密文件。安全保密文件的作用就是限制对这个系统的访问,并规定每个用户的功能能力(functional capabilities)。

(5)差错管理文件。差错管理文件包含着有关被退回的报文的信息,如被退回的原因,以及有关对这个报文在发送过程中的踪迹进行检查的信息。它还有日志文件,以便当某些数据或报文在传输过程中被破坏或被删除时,可以根据日志文件来恢复或再造这些数据或报文。

EDI 的软件除了翻译软件外,常常还有另一种形式的软件,那就是"搭桥"(Bridging)软件。搭桥软件的作用是像桥一样将一个组织内的各种计算机应用程序连接起来。当这个组织收到 EDI 报文后,有关数据就能为这个组织的各个部门的计算机应用系统所用,而不必在组织内部各部门之间再进行键盘输入。如图 2-7 所示。

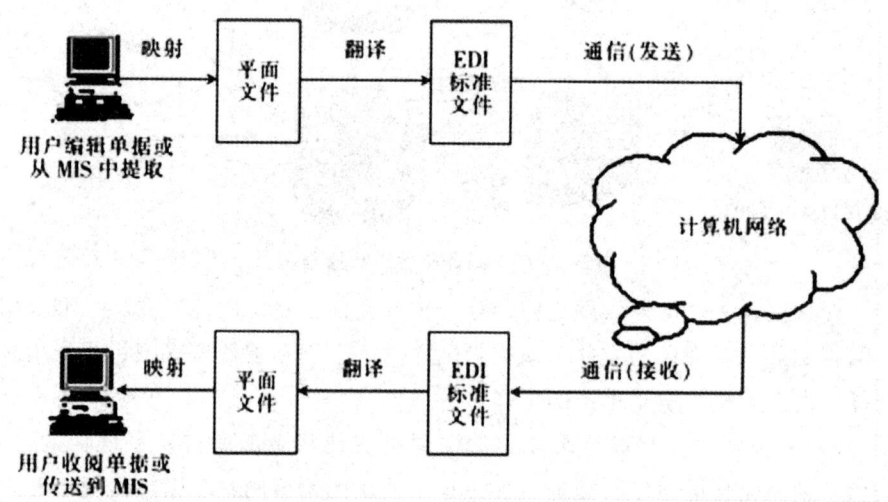

图 2-7 "搭桥"软件工作过程

比如,当一个企业收到一份订单后,其数据就能自动被用于更新销售文件的内容。同样地,这些数据不需要重新键入就能用于更新会计部门的文件内容,于是就能自动生成一份发票单证。有了搭桥软件,企业在发出去的订购单和收到的发票之间就用不着人工核对,而完全可以由计算机自动核对以消除可能的错误支付。

3. EDI 的硬件

有四种基本类型的计算机平台可以用来实行 EDI,它们是:

(1)只使用一台主机或中型机。此种方法将所有的 EDI 软件放到主机或中型机上去，使其执行全部的EDI功能。这种方法的优点是：首先，它能对大量交易进行迅速处理；其次，因为所有的数据处理活动都在主机或中型机中完成，并不存在处理过程中对数据装载和卸载(Uploading and Downloading)问题，也不需要把数据重新键入，这就提高了数据处理速度，同时又消除了因数据重新键入而可能带来的误差；再次，使用主机或中型机就可以较容易地在公司内部的各个部门的计算机系统之间搭桥连接，数据可以自由地在各个部门的应用系统之间传输并被使用，从而大大提高公司的计算机管理水平。这种方法的缺点一是成本高，二是在主机或中型机上建立EDI系统由于一般没有现成的软件，故需要花费大量的时间来编制，通常要做许多测试和调试工作。

(2)只使用一台PC机。可以将所有的EDI软件放到PC机上去，使其执行全部的EDI功能。这台PC机和公司的其他机器一般没有密切的联系，EDI活动只是在这台计算机里单独地进行。这种方法的优点一是成本低，二是系统的安装调试容易。这种方法存在某些缺点：首先，数据需要重复输入，容易出错；其次，其处理速度低，处理数据的容量、能力也比较小；再次，这种方法不容易在公司内部各部门的计算机系统之间搭桥连接，不能大幅度地减少办公室工作量。

(3)使用PC机作为主机的前端处理器。把PC机作为主机的前端处理器，也可以作为实行EDI的一种平台。在这种情况下，PC机与主机相连，存储在主机中的数据可以传输到PC机中(即Downloading，卸载)，同样，存储在PC机中的数据也可以传输到主机中(即Uploading，装载)。在这种安排下，如果要向外发送一份EDI报文，要先从主机里取出所需的数据，将这些数据传向PC机，在PC机上将这些数据翻译成符合EDI标准的格式，并生成电子单证。这种方式，可以同时具有某些只使用一台主机和只使用一台PC机时所具有的优点。比如，把PC机作为主机的前端处理器，费用要比只使用一台主机来实行EDI少得多，但它与只使用一台PC机时相比，却有更大的容量和更快的处理速度。此外，这种方式的EDI平台容易买到现成的软件，也容易安装。并且由于这种方式的处理过程不需要手工重新输入，因而可以减少误差。这种方式的主要缺点是费用比只使用一台PC机时高，而处理速度又比只使用一台主机的情况下来得慢。

(4)专用的EDI操作系统。这种系统通常采用一台中型机平台，以及专门化的EDI软件，这个EDI软件把EDI活动和公司的计算机应用系统进行一体化。在许多情况下，这种操作系统被用来对组织内部EDI网络的所有EDI活动和功能进行总的管理。例如，某连锁商店系统有一个总的配货中心，各个商店通过条形码的光笔扫描，对各种货物的存货和销售进行计算机管理。当商店里某些货物的存货水平降到某一事先设定的水平时，计算机就能自动产生一份配货通知送往配货中心，而配货中心的计算机系统又会自动安排这种货物的发送，并和商店进行电子化的结算。

二、EDI 的业务流程

一般来说，EDI 较多地应用于有大量表单式数据处理的部门和单位，而且要求有一定的规范性。从应用领域看，通常可以分为如下类型：

(1)贸易数据交换系统(Trade Data Interchange)。用 EDI 来传送订单、供应单等。

(2)金融汇兑系统(Electronic Fund Transfer)。用 EDI 进行费用汇兑。

(3)公用事业系统(Public Sectors)。主要用于商检、海关以及税务等部门。

(4)交互式应答系统(Interactive Query Response)。如机票预订、饭店预订等。

下面我们以采购业务为例，说明在采用 EDI 进行商务处理的情况下，买卖双方是如何处理业务的。图 2-8 给出了商品贸易 EDI 系统的工作模型。

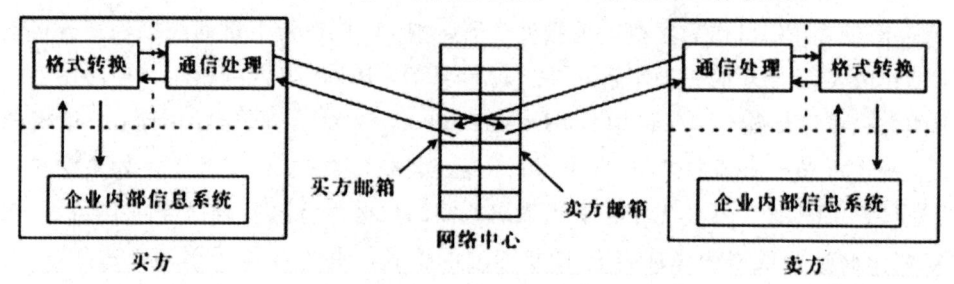

图 2-8 EDI 系统工作模型

由此图可以看出 EDI 进行商品交易信息处理的流程如下：

(1)当买方的库存管理系统提出购买某种物资的数据时，EDI 的翻译软件据此编制一份 EDI 订单。

(2)通信软件将订单通过网络送至网络中心指定的卖方邮箱内。同时，利用公司内部计算机应用程序之间的搭桥软件，将这些数据传送给应付账部门和收货部门进行有关登记。

(3)卖方定时经通信网络到网络中心的邮箱内取回订单，EDI 的翻译软件把这份订单翻译成卖方数据格式。

(4)如果确认可以售给买方指定的物资，则送出供应单经相反方向返回给买方；若只有部分满足买方要求或不能满足要求，则以相同的方向返回相应信息。

第二章 "互联网+"背景下的电子商务技术基础

卖方收到订单时,卖方的搭桥软件把有关的数据传送给仓库或工厂,以及开票部门,并对计算机发票文件的内容进行相应的更新。

(5)买方收到供应单后,在订单基础上产生一份商品情况询问表,传送给卖方。双方就商品价格等问题进行讨论,直到达成一致。

(6)达成一致后,卖方的仓库或工厂填制装运单,编制船期通知,并将其传送给买方。同时,通过搭桥软件,将船期通知传送给开票部门,生成电子发票,传送给买方。卖方在开立发票时,有关数据就进入应收账部门,对应收账的有关数据进行更新。

(7)买方接到船期通知后,有关数据自动进入收货部门文件,产生收货通知。收货部门的收货通知通过搭桥软件传送给应付账部门。

(8)买方收到电子发票以后,产生一份支付核准书,传送给应付账部门。

(9)买方应付账部门开具付款单据通知自己的开户银行付款,同时通知卖方付款信息。

(10)卖方收到汇款通知后,有关数据经过翻译进入应收账户,买方则因支付而记入贷方项目。

由此可见,当买方提出购买的要求后,EDI就可以自动进行转换操作,生成不同用途的数据,送至各相关伙伴,直至该事务处理结束。

三、实施 EDI 的效益

EDI在商务上广泛应用之后,可以大量节省企业的运营成本,提高企业的运营水平。根据研究资料表明,EDI的应用已经产生了显著的经济效益和社会效益。实施EDI的效益可从以下几个方面反映出来。

(1)缩短交易时间,提高工作效率。与邮寄(或其他形式的实际传递)有关的时间延迟被消除了。那些订单登记员、应付账部门办事员等人员在阅读、重新输入数据所需的处理时间也消除了。这些都会使业务处理时间大大缩短。

(2)减少文件处理成本。EDI的一个重要特征便是它把有关文件的数据,以机器可以处理的形式由计算机网络来传送,而不必像纸质文件那样需要手工处理。这样既节省了纸张,又去除了对纸质文件的打印、审核、修改、邮寄等花费。

(3)员工成本的减少。计算机自动接受和处理信息使公司在同样业务的情况下,可以用更少的员工去处理,或者把一部分专业人员从行政管理工作中解脱出来,以从事具有更高效率的工作。

(4)可以减少库存。适当的库存量是企业维持正常生产所必需的。用传统方法采购时，订单处理周期长，不确定性高，因此企业要求的安全库存量也就比较大。使用EDI之后，文件处理比以前既快又可靠，自然可以降低安全库存水平，使存货占用的资金量减少，从而降低了企业的运营成本，同时减少脱销和生产线缺料停工现象。

(5)避免重复操作，减少人为差错，提高工作质量。商业文件中的一个错误可能要付出很大代价，订单遗失也会给企业带来损失。使用EDI后，因为减少了重复击键录入的次数，从而使出错机会减少。EDI软件一般具有编辑查错功能，一些信息源上的数据输入错误可以很早就被发现，加上EDI在收到信息后就会回发给信息发送者一份收到通知，这就可以及时发现漏发信息或信息中途遗失的情况。虽然EDI不能消除所有的错误，但它确实可以更早，用更小的代价去发现并改正错误。

(6)时间价值效益。利用EDI来处理应收款，可以使资金回笼时间提前。

(7)其他效益。使用EDI可以改善公司内部的经营管理，可以加强与供货商的联系，可以保持与客户的良好关系，等等。这些都会为公司创造效益。

第三节　"互联网+"背景下数据库技术研究

电子商务需要数据库技术的支持，本节重点介绍数据库技术的产生与发展、数据模型的概念和现在流行的数据库。简略介绍数据库的流程以及数据库与电子商务的关系。

一、数据库技术的产生与发展

数据库技术是数据管理的技术，数据管理是指对数据的分类、组织、编码、存储、检索和维护，它是现代计算机应用的基础。电子商务以电子计算机及其网络技术取代传统方式来进行生产经营活动，当然也就离不开数据库技术的支持。

数据管理主要分为以下几个阶段：手工管理阶段、文件系统阶段、数据库系统阶段。

(一)手工管理阶段

计算机出现的初期，主要用于科学计算，没有大容量的存储设备。人们把程序和要计算的数据通过打孔的纸带送入计算机中，计算的结果由用户自己手工保存。处理方式只能是批处理，数据不共享，不同程序不能交换数据。

应用程序中用到的数据都要由程序员规定好数据的存储结构和存取方式等。一组数据只能面向一个应用程序，不能实现多个程序的共享数据。不同程序不能直接交换数据，数据没有任何独立性。

（二）文件系统阶段

20世纪50年代后期到20世纪60年代中期，计算机有了磁盘、磁带等直接存取的外存储器设备，操作系统有了专门管理数据的软件——文件系统。文件系统使得计算机数据管理的方法得到极大改善。这个时期的特点是：计算机大量用于管理，数据需要长期保存，可以将数据存放在外存设备上反复处理和使用；数据文件可以脱离程序而独立存在，应用程序可以通过文件名来存取文件中的数据，实现数据共享；所有文件由文件管理系统进行统一管理和维护。但该方法也有其不足之处，体现在数据冗余性、数据不一致性和数据之间联系比较弱。

（三）数据库系统阶段

数据库系统对数据的组织分为三层：第一层面向各类用户，是针对用户的最佳组织形式。第二层是面向系统整体，包含全体用户所需信息、对全局性能最佳的数据结构。第三层面向计算机物理存储，在保证存储第二层所含信息的前提下，按物理存取的最佳形式来组织的文件结构，是真正在外部存储器中保存的文件，即用户所使用的数据文件（逻辑上存在）和在外部存储器实际存放的数据文件（物理上存在）是彻底分离的。数据按三级结构方式组织，而三级结构之间的联系由两级映射实现。这就是数据库系统对数据的管理方式。

数据库系统阶段有如下特点：面向全组织的复杂的数据结构；数据的冗余度小，易扩充；数据与程序独立；统一的数据控制功能，包括安全性控制、完整性控制和并发控制。

二、数据模型的概念

数据模型描述了数据库中的数据内容及其联系方式，体现了数据库的逻辑结构。数据模型对于数据库系统很重要，不同的数据模型就是用不同的数据组织形式来表达实体及其联系。从形式上看，数据模型可分为两个级别：概念模型和实施模型。

概念模型主要表示数据的逻辑特性，即只是在概念上表示数据库中将存储什么信息，而不管这些信息在数据库中怎么实现。因此，它是从用户的角度对现实世界建立的数据模型，和DBMS及计算机都无关。概念模型也称信息模型。在概念模型中强调的是能比较真实地模拟现实世界，并且容易理解，易于向实施模型转换。常见的概念模型有实体-联系模型（Entity-Relationship Model，简称 E-R 模型）及语义对象模型（Semantic Object Model）。它们多用于数据库设计阶段，并且有工具支持建模过程。

实施模型侧重于数据库中数据的表示方法和数据库结构的实现方法，是计算机实际支持的数据模型。实施模型和 DBMS 有关，DBMS 常以其所支持的数据模型分类。实施模型也是用户从数据库所看到的数据模型，因此，实施模型也称逻辑模型。常见的实施模型有层次模型（Hierarchical Model），网络模型（Network Model）和关系模型（Relational Model）。

关系模型是数据模型中最重要的模型，因为这种数据模型不仅具有坚实的数学基础，而且这种数据模型被实践证明是正确有效的数据模型。我们可以把关系模型理解为一张二维表，表格中的每一行代表一个实体，称为记录；每一列代表实体的一个属性，称为数据项；记录的集合称为关系。关系具有如下性质。

（1）数据项不可再分。

（2）关系中的列是同性质的，称为属性。属性之间不能重名。

（3）关系中不能出现相同的记录，记录的顺序无所谓。

（4）每个关系都有一个主键，它能唯一地标识关系中的一个记录。

（5）关系中列的顺序不重要。

三、目前流行的数据库介绍

在 Windows 操作系统中，Microsoft Access 和 Microsoft SQL Server 是最常见的数据库，它们同时也应用于网络程序应用系统。一般情况下，Microsoft Access 数据库比较适合小型或家庭型的应用程序，而 Microsoft SQL Server 一般比较适合大型的应用程序。

（一）**Microsoft SQL Server 数据库**

Microsoft SQL Server 2008 数据库是一个多关系数据管理系统。它不仅是一个完整的数据库，而且具有强大的扩展性。它是 Windows 操作系统最为流行的数据库，比较适合小型、中型或大型应用程序的后台数据库。它也适用于电子商务、数据仓库和在线商业应用程序等。

（二）**Oracle 数据库**

Oracle 数据库一般比较适合超大型的行业领域，如电信、移动、联通、医疗保险、邮政部门等。在行业领域，电信基本上使用 Oracle 数据库和 Sybase 数据库。

（三）MySQL 数据库

MySQL 数据库是一种非常特别的数据库。它以 Web 形式来体现，也是基于 Web 访问方式的数据库。和其他数据库相比，MySQL 数据库的最大特点是建立在 Internet 之上，用户可以通过基于 Web 的查询方式来访问数据库。MySQL 数据库除了运行在 Windows 操作系统上之外，还可以运行在 Linux 和 UNIX 操作系统上。MySQL 数据库一般采用的是客户机/服务器体系结构。

四、构建数据库系统的流程

构建一个完整、高效的数据库管理系统可以说是一个比较复杂的过程，通常包含以下五个基本步骤。

（一）定义数据库的目标

这是构建数据库的第一步，也是构建数据库的起始点。在这一步，需要定义数据库实现功能、目标以及该系统运行的环境，最终形成一个什么样的数据库管理系统。只有经过这一步，后续的工作才可以开始。

（二）数据库的逻辑设计

这一步是从设计目标和功能出发，规划出数据库的逻辑设计。例如，设计数据库中如何定义表与表之间的关系。在某种程度上说，这一步和物理数据库的设计及其实现无关。

（三）数据库的物理设计

这一步在数据库的逻辑设计之上，把数据库的逻辑设计转化为数据库的物理设计，如确定数据库需要哪些软件和硬件。

（四）数据库的物理实现

这一步属于项目的实现阶段。它建立在数据库的物理设计之上，设计实际的物理数据以及数据库的服务器配置和存储数据的程序代码等。

（五）复查构建的数据库

这一步为构建数据库的最后一步。在该步中，检查和评定构建的数据库是否满足第一步中的目标及其要求，同时还可以制定维护和更新数据库的实施方案。构建数据库系统的流程如图 2-9 所示。在实际设计中，有些步骤可能体现得不是很明显。

```
开始
  ↓
定义数据库的目标
  ↓
数据库的逻辑设计
  ↓
数据库的物理设计
  ↓
数据库的物理实现
  ↓
复查构建的数据库
  ↓
结束
```

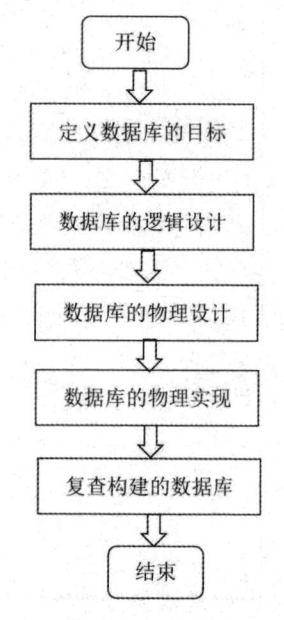

图2-9 构建数据系统的流程图

五、数据库技术与电子商务

数据库技术对于电子商务的支持可以概括为以下几个部分。

(1)数据的收集、存储和组织：这是传统数据库系统的主要功能。

(2)决策支持：企业应该充分利用电子商务的海量数据进行分析，并依据分析结果做出正确的决策，随时调整经营策略，以适应市场的需求。

(3)对EDI的支持：EDI是电子商务重要的组成部分，要想成功地实现EDI，企业的基础设施建设是关键，而数据库系统的建设是其中重要的一环。如果有良好的数据库系统的支持，再配上相应的EDI软件（如EDI转换软件和翻译软件等），就可以实现应用到应用的EDI过程。

(4)Web数据库：企业不仅可以通过Web发布自己的信息，同时也可以收集来自顾客的需求信息，这样做给供求双方都带来了好处。Web数据库是为适应Web应用开发的需求而产生的。它结合了传统数据库技术的优点，融合了最新的网络技术、存储技术与检索技术的发展，在数据库模型、存储机制与检索技术等方面做出了变革，以全新的功能结构来适应以互联网为基础的应用。

第三章 "互联网+"背景下的电子商务支付

第一节 电子商务支付概述

一、电子支付的概念

电子支付是指电子交易的当事人,包括消费者、厂商和金融机构,使用安全电子支付手段,通过网络进行的货币支付或资金流转。电子商务支付系统是电子商务系统的重要组成部分。

电子支付方式的出现要早于互联网,电子支付的五种形式分别代表着电子支付的不同发展阶段(图 3-1)。

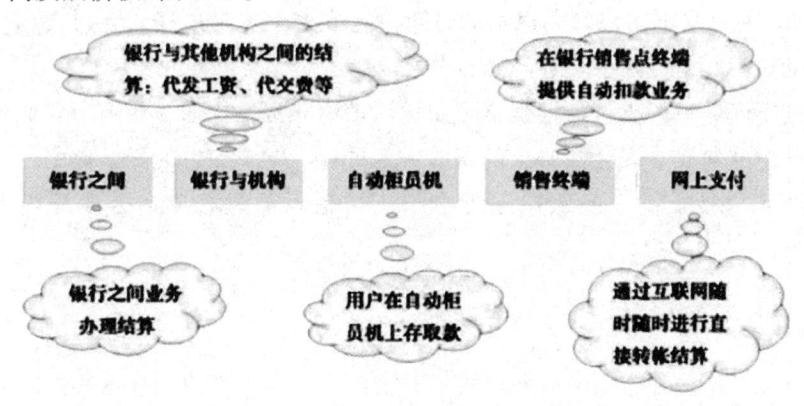

图 3-1 电子支付方式

电子支付是最近几年才被人们普遍接受的。在电子商务比较发达的美国与加拿大等国家,各大企业如 IBM、惠普、微软、SUN 等纷纷推出各自的电子商务产品和解决方案。随着电子商务的发展,各种法规也随之健全,许多西方国家都已经通过数字签名和身份认证法律。1996 年下半年,美国财政部颁布了《全球电子商务选择税收政策解析》白皮书,联合国国际贸易法委员会(UNCITRAL)已经完成模型电子商务法的制定工作，为电子交易制定出统一通用的规则。另外，两大国际信用卡组织 VISA 和 MasterCard 合作制订的安全电子交易协议（Secure Electronic Transaction，SET）定义了一种电子支付过程标准，其目的就是保护万维网上支付卡交易的每一个环节。

二、电子支付的特征

与传统的支付方式相比，电子支付具有以下特征。

（1）电子支付是采用先进的技术通过数字流转来完成信息传输的，其各种支付方式都是通过数字化的方式进行款项支付的；而传统的支付方式则是通过现金的流转、票据的转让及银行的汇兑等物理实体来完成款项支付的。

（2）电子支付的工作环境基于一个开放的系统平台（即互联网），而传统支付则是在较为封闭的系统中运作。

（3）电子支付使用的是最先进的通信手段，如 Internet、Extranet，而传统支付使用的则是传统的通信媒介；电子支付对软、硬件设施的要求很高，一般要求有联网的计算机、相关的软件及其他一些配套设施，而传统支付则没有这么高的要求。

（4）电子支付具有方便、快捷、高效、经济的优势。用户只要拥有一台上网的 PC 机，便可足不出户，在很短的时间内完成整个支付过程。支付费用仅相当于传统支付的几十分之一，甚至几百分之一。

在电子商务中，支付过程是整个商贸活动中非常重要的一个环节，同时也是电子商务中准确性、安全性要求最高的业务过程。电子支付的资金流是一种业务过程，而非一种技术。但是在进行电子支付活动的过程中，会涉及很多技术问题。

三、电子商务与网上支付系统

电子商务是一种全新的商务模式，对传统支付结算模式的冲击很大。传统的支付结算系统是以手工操作为主，以银行的金融专用网络为核心，通过传统的通信方式（邮递、电报、传真等）来进行凭证的传递，从而实现货币的支付结算。在网上支付系统中，不论是将现有的支付模式转化为电子形式，还是创造出网络环境下的新的支付工具，它们多多少少都具有无形化的特征。面对这样的一种支付系统，我们应该重新考虑它的支付规律，制定新的管理运行模式，以符合它崭新的面貌与特点。

电子商务与支付系统之间存在着密不可分的关系，基于 Internet 的电子商务，需要为数以百万计的购买者和销售者提供支付服务。目前已开发出了很多网上支付系统，这些系统的实质都是要把现有的支付方式转化为电子形式。Internet 电子支付系统主要包括金融机构、付款者和收款者、第三方非银行金融机构，以及各种金融网络等。金融机构通常指银行，它为付款者和收款者保持账户。第三方非银行金融机构提供支付服务，但不保持要求的存款账户，它们与金融机构有接口，根据金融机构保持的账户进行交易处理。各种金融网络为各金融机构和第三方非银行金融机构提供内部连接服务，现在有许多金融机构正在考虑将部分内部网络转移到 Internet 上，如 Master Card 和 Visa 的信用卡网络，该网络可以实现实时支付授权和对用户之间转账的清算等功能。

电子商务支付系统是电子商务系统的重要组成部分，它指的是消费者、商家和金融机构之间使用安全电子手段交换商品或服务，即把新型支付手段包括电子现金（E-Cash）、信用卡（Credit Card）、借记卡（Debit Card）、智能卡（Smart Card）等的支付信息通过网络安全传送到银行或相应的处理机构，来实现电子支付；是融合购物流程、支付工具、安全技术、认证体系、信用体系以及现在的金融体系为一体的综合大系统(图 3-2)。

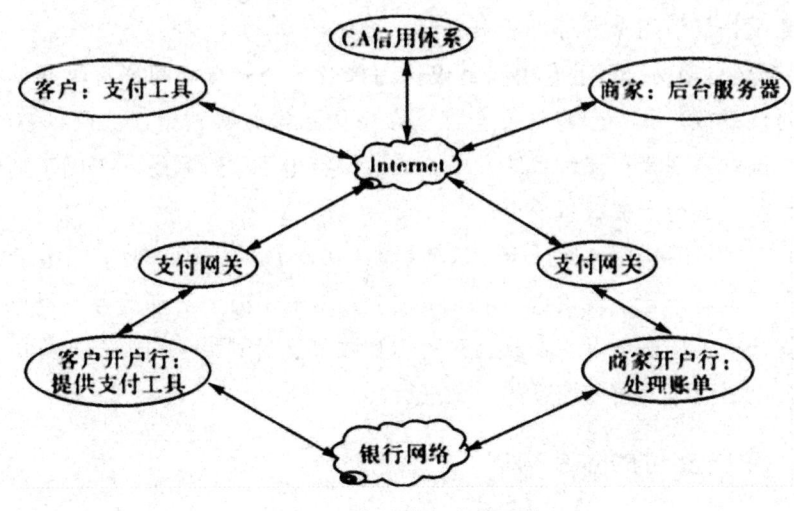

图 3-2　电子商务支付系统

（1）消费者。指在 Internet 上与某企业或商家有商务交易关系且存在未清偿的债权、债务关系的单位和个人。消费者通过自己拥有的网上支付工具进行网上支付，消费者是网上支付系统运作的起点。

（2）商家。指拥有债权的商品交易中提供销售商品的一方。商家可以根据客户发出的支付指令向中介金融机构请求结算。商家一般设置一台专门的服务器或者凭借公共的交易平台来处理这一过程，包括身份认证及不同网络支付工具的处理。

(3)客户开户行。客户开户行又称为发卡行，指客户在其中拥有资金账户的银行，客户所拥有的网络支付工具主要是由开户行提供的。客户开户行在提供网络支付工具的时候，同时提供一种银行信用，即保证支付工具是真实合法的，并可以兑付的。

(4)商家开户行。商家开户行又称为接受行，指商家在其中开设资金账户的银行，其账户是整个支付与结算过程中资金流向的目的地。商家收到客户的支付指令后，将合法账单提交客户开户行，由开户行进行支付授权，并进行商家开户行与客户开户行之间的清算工作。

(5)支付网关(Payment Gateway)。指 Internet 公用网络平台和银行内部的金融专用网络平台之间的安全接口，网上支付的电子信息必须通过支付网关进行处理后才能进入银行内部的支付结算系统，从而完成安全支付的授权。支付网关的建设关系着整个网上支付结算的安全和银行自身的安全，关系到电子商务支付结算的安全及金融系统的风险。这就要求支付网关必须由商家、消费者以外的第三方银行或委托的信用卡发行机构来建设。

(6)金融专用网。金融专用网是银行内部及各个银行之间进行沟通的专用网络，不对外开放，具有很高的安全性。在中国国家金融数据通信网(CNFN)上，运行着中国国家现代化支付系统、中国人民银行电子联行系统、中国工商银行电子汇兑系统、银行卡授权系统等。

(7)CA(Certificate Authority)认证中心。CA 认证中心是网上商务的准入者和市场的规范者。它主要负责为 Internet 上参与电子商务活动的各方提供身份认证、签发证书、认证证书、发放公共密钥和数字签名等服务的第三方身份认证机构，保证电子商务支付与结算的安全进行。

四、电子支付的体系构成

(1)消费者。在网上选定商品，确认订单后进入电子支付环节。消费者需要拥有电子支付工具。

(2)网上商城。电子支付的接受方。网上商城需要有各个银行的账号，网上商城可以搭建自己的支付平台，也可租用第三方支付平台。

(3)消费者开户银行。

(4)商城收单银行。

(5)银行专用网。银行之间进行通信和数据处理的专用网络,如中国国家金融通信网。

(6)支付网关。公用互联网平台和银行专用网之间的安全接口。

(7)CA认证中心。第三方公证机构,是电子商务市场的准入者和规范者,它的作用与工商局类似。

五、网上支付系统的种类

虽然网上支付系统发展的方向是兼容多种支付工具,但事实上做到这一点是比较困难的。从目前已经开发出来的各种支付系统来看,可以将网上支付系统大致分为三类,即信用卡支付系统、电子转账支付系统和电子现金支付系统。

六、网上支付系统的功能

(1)使用数字签名和数字证书实现对各方的认证。

(2)使用加密技术对业务进行加密。

(3)使用消息摘要算法以确认业务的完整性。

(4)当交易双方出现异议、纠纷时,保证对业务的不可否认性。

(5)能够处理贸易业务的多边的支付问题。

第二节 网上支付方式

一、电子支付的手段与发展

电子支付是指电子交易的当事人,包括消费者、厂商和金融机构,使用安全电子手段通过网络进行的货币支付或资金流转。与传统的支付方式相比,电子支付具有以下特点。

(1)电子支付采用现代技术,通过数字流转来完成支付信息传输,支付手段均是数字信息;而传统支付方式则是通过现金的流转、票据的转让以及银行的转账等实体形式的变化实现的。

(2)电子支付是基于开放的系统平台(互联网)之中的;而传统支付则在较为封闭的环境中进行。

(3)电子支付使用最先进的通信手段,因此对软硬件要求很高;传统支付对于技术要求不如电子支付高,且多为局域网络,不需联入互联网。

(4)电子支付可以完全突破时间与空间的限制,可以满足 24×7 的工作模式,其效率之高是传统支付难以望其项背的。

随着计算机技术的发展,电子支付的工具越来越多。这些支付工具可以分为三大类:一类是电子货币类,如电子现金、电子钱包等;另一类是电子信用卡类,包括智能卡和借记卡等;还有一类是电子支票类,如电子支票、电子汇款(EFT)和电子划款等。

电子商务的电子支付发展分为五个阶段:①银行利用计算机处理银行之间的业务,办理结算;②银行计算机与其他行业的计算机之间资金的结算,如代发工资等业务;③利用网络终端向客户提供各项银行服务;④利用银行销售点终端(POS)向客户提供自动扣款服务;⑤网上支付。

二、电子支付的方式

信用卡是银行或其他财务机构签发给那些资信状况良好人士的一种特制卡片,是一种特殊的信用凭证。持卡人可凭卡在发卡机构指定的商户购物和消费,也可在指定的银行机构存取现金。

(一)信用卡的定义

随着信用卡业务的发展,信用卡的种类不断增多,概括起来,一般有广义信用卡和狭义信用卡之分。

从广义上说,凡是能够为持卡人提供信用证明、持卡人可凭卡购物、消费或享受特定服务的特制卡片均可称为信用卡。广义上的信用卡包括贷记卡、准贷记卡、借记卡、储蓄卡、提款卡(ATM 卡)、支票卡及赊账卡等。

从狭义上说,国外的信用卡主要是指由银行或其他财务机构发行的贷记卡,即无须预先存款就可贷款消费的信用卡,是先消费后还款的信用卡;国内的信用卡主要是指贷记卡,即准贷记卡(先存款后消费,允许小额、善意透支的信用卡)。

(二)信用卡的特点与作用

(1)信用卡是当今发展最快的一项金融业务之一,它是一种可在一定范围内替代传统现金流通的电子货币。

(2)信用卡同时具有支付和信贷两种功能。持卡人可用其购买商品或享受服务,还可通过使用信用卡从发卡机构获得一定的贷款。

(3)信用卡是集金融业务与电脑技术于一体的高科技产物。
(4)信用卡能减少现金货币的使用。
(5)信用卡能提供结算服务,方便购物消费,增强安全感。
(6)信用卡能简化收款手续,节约社会劳动力。
(7)信用卡能促进商品销售,刺激社会需求。

(三)信用卡网上支付系统模型

信用卡使用已久,目前的支付系统都是建立在金融专用网基础之上的。通过金融专用网的终端,持卡人可以获得身份验证、消费结算、消费信贷、转账结算、通存通兑、自动取款、代发工资、代理收费等服务。因此,信用卡支付系统的一大特点就是需要在线实时操作,进行持卡人身份的真实性以及信用额度的验证和处理。目前,在金融专用网上开展此类业务会受到银行营业时间的限制,而随着电子商务的发展,网上信用卡支付系统不仅在范围上扩展到所有的公共网络,时间上也扩展到全天24小时,这就需要增加相应的机构和技术来支持这种扩展。

(四)信用卡的支付模式

(1)无安全措施的信用卡支付。
(2)通过第三方经纪人的支付。
(3)简单加密信用卡支付。
(4)SET信用卡支付。

(五)简单加密信用卡支付

简单加密信用卡支付使用步骤如下(以Cyber Cash为例):

(1)Cyber Cash买方从Cyber Cash卖方订货后,通过电子钱包将信用卡信息加密后传给Cyber Cash卖方服务器。

(2)卖方服务器验证接收到的信息的有效性和完整性后,将买方加密的信用卡信息传给第三方——Cyber Cash服务器。

(3)第三方——Cyber Cash服务器验证卖方身份后,将买方加密的信用卡信息转移到非Internet的安全地方解密,然后将买方信用卡信息通过安全专网传送到卖方银行。

(4)卖方银行通过与一般银行之间的电子通道从买方信用卡发卡行得到证实后,将结果传送给第三方——Cyber Cash服务器,Cyber Cash服务器通知卖方服务器交易完成或拒绝交易,卖方再通知买方。

第三节　网上银行

一、网上银行的基本概念

网上银行又称网络银行、在线银行或虚拟银行,是指银行借助客户的个人电脑、通信终端(包括移动电话、掌上电脑等)或其他电子信息工具,通过 Internet 或其他公用信息网,向客户提供银行产品和服务的一种银行业务模式。银行产品和服务包括开户、销户、查询、对账、行内转账、跨行转账、信贷、网上证券、投资理财,以及提供其他电子支付的工具和服务,如电子货币等,使客户可以足不出户就能够安全便捷地管理活期和定期存款、支票、信用卡及个人投资等。

二、网上银行的产生

(一)网上银行是电子商务发展的客观要求

(1)电子商务要求商业银行能提供便捷迅速的支付服务。

(2)电子商务要求商业银行能提供安全可靠的支付服务。网上银行所提供的电子支付服务是电子商务中的关键要素,直接关系到电子商务的发展前景。

(二)网上银行是银行自身发展的客观要求

面对信息技术给银行业带来的越来越激烈的竞争压力,银行只有扩大服务范围,提高服务质量,才能在激烈的竞争中立于不败之地。

网上银行不仅在数量上能够开发新的客户,更具吸引力的是它能够提高现有客户的素质。

三、网上银行的基本业务和发展趋势

1. 银行业务项目

银行业务项目包括个人银行业务、网上信用卡业务、企业银行(对公)业务、其他付款方式、国际业务、信贷、特色服务等。

2. 商务服务项目

网上银行提供的商务服务通常有投资理财、资本市场和政府服务等。

投资理财通常有两种方式,分别为客户主动型和银行主动型。

(三)信息发布和信息咨询服务

信息发布包括国际市场外汇行情、对公利率、汇率、国际金融信息、证券行

情、银行信息等。

对于企业来说，获取互联网上有关经济和金融等方面的信息和研究成果，可以提高其自身的管理水平。企业还可通过电子邮件和世界银行的专家方便地进行交流。

四、网上银行的主要特征

(1)依托迅猛发展的计算机和计算机网络与通信技术，利用渗透到全球每个角落的 Internet 网。

(2)突破了银行传统业务操作模式，把银行的业务直接在 Internet 网上推出。

(3)可以通过网络自动定期交纳各种社会服务项目的费用，进行网上购物。

(4)企业集团用户不仅可以查询本公司和集团子公司账户的余额、汇款、交易信息，并且能够在网上进行电子贸易。

(5)网上银行服务还提供网上支票报失、查询服务，维护金融秩序，最大限度地减少国家、企业的经济损失。

(6)网上银行服务采用了多种先进技术来保证交易的安全，商业罪犯将更难以找到可乘之机。

五、网上银行在电子商务中的作用

银行作为电子化支付和结算的最终执行者，起着连接买卖双方的纽带作用。网上银行所提供的电子支付服务是电子商务中最关键的因素，直接关系到电子商务的发展前景。随着电子商务的发展，网上银行的发展亦是必然趋势。

(一)传统商业银行业务功能

(1)银行零售业务。

(2)银行国内批发业务。

(3)全球批发业务。

(4)银行投资业务。

(5)银行信托业务。

(二)网上银行的功能

(1)银行业务项目：个人银行服务、网上信用卡业务、对公业务、其他付款方式、国际业务、信贷、特色服务。

(2)商务服务：投资理财、资本市场、政府服务。

(3)信息发布：国际市场外汇行情、兑换利率、储蓄利率、汇率、国际金融信息、证券行情、银行信息等。

六、网上银行模式

(一)网上银行的运行机制

从网上银行的运行机制上讲，网上银行主要有两种模式：一种是完全依赖于 Internet 网发展起来的全新电子银行；另一种模式是指传统商业银行运用公共 Internet 网开展传统的银行业务，通过其发展家庭银行、企业银行等服务。

(二)网上银行的业务模式

网上银行有三种业务模式：第一种模式，把网上银行所针对的客户群设定为零售客户，把网上银行作为银行零售业务柜台的延伸，达到 24 小时不间断服务的效果，并节省银行的成本；第二种模式，网上银行以批发业务为主，即在网上处理银行间的交易和银行间的资金往来；第三种模式，是前两种的结合，即网上银行包括零售和批发两个方面的业务。

七、网上银行的技术要求

从技术的角度看，网上交易至少需要四个方面的组件。
(1)商户系统。
(2)电子钱包。
(3)支付网关。
(4)安全认证。

八、网上银行的管理

(一)网上银行的经营风险

(1)信息在 Internet 上扩散得很快，信息的迅速传播扩散会直接影响到网上银行的运行。

(2)Internet 让客户可以更快地访问他们的账户。

(3)对网上银行方便快捷的访问和信息通过 Internet 可以快速扩散，也使网上银行的运行更容易受到外界因素的影响。

(4)安全是基于 Internet 的网上银行最大的问题。

(5)传统的商业银行如果出现危机，国家一般要对其进行一定的干预。

(6)在 Internet 上，人们不一定需要使用真名和真实的通信地址，网上消费者和网上银行之间的高度匿名性增加了银行和储户之间相互监督的困难。

（二）网上银行管理的问题

对于许多类型的跨国界金融服务，现在还不清楚用哪个国家的管理规定。不同国家对网上银行的管理规定松紧程度差别很大。

（三）网上银行管理的策略

由于 Internet 具有国际性，因此网上银行也具有国际性，但它的国际性与传统的跨国银行的国际性不同。美国对外国银行机构进行管理时，实行与美国银行同等对待的"国民待遇"，而欧洲委员会则实行"本地国原则"。网上银行与跨国银行还有一个重要的区别：网上银行并不建立分支机构，因此对网上银行的管理各国也会面临不同的问题。

九、网上银行存在的问题

（一）网上银行技术问题

网上银行业务的发展不仅依赖于市场价格的波动、经济增长的质量，而且依赖于软硬件配置和技术设备的可靠程度。在很大程度上取决于其计算机安全技术的先进程度以及所选择的开发商、供应商、咨询或评估公司的水平。通过互联网进行交易，相关信息的保密性、真实性、完整性和不可否认性是最关键的因素。如何确保交易安全，为个人保密，就成了网上银行发展最需解决的问题。总体来说，网上银行业务技术问题主要为以下三个方面。

1. 数据传输

一旦数据传输系统被攻破，就有可能造成用户的银行资料泄密，并由此威胁到用户的资金安全。

2. 网上银行应用系统的设计

一旦网上银行应用系统在安全设计上存在缺陷并被黑客利用，将直接危害到系统的安全性，造成严重损失。

3. 来自计算机病毒的攻击

由于网络防范不严，导致计算机病毒通过网上银行入侵到银行主机系统，从而造成数据丢失等严重后果。

（二）法律法规与现实需求脱节的问题

网上银行蓬勃发展，但是各国政府对网上银行和网上交易的法律、法规多不清晰，有很多模糊之处，并且缺乏专门规范网上银行的有关法律、法规，各国现行的法律和规制框架又存在许多冲突。网上资金转账只要有一个环节出现错误，资金就不能正常支付，就会发生法律方面的纠纷，需要法律进行调节。一个是系统出现故障和责任承担方面的法律问题。网上银行在处理业务时，由于电脑系统的问题，在没有得到客户的同意下将指令发出或者是由于电脑系统程序的错误和功能失效时，这些风险和责任应该由谁承担。另外一个是银行的监管机制方面的法律问题。银行的监管机制对于银行化解风险具有十分重要的意义。那么，对于网上银行如何监管？由谁监管？这些都需要法律做出规定。网上银行业务产生的法律风险还有另一个需要关注的问题。因特网与客户发展关系的一国银行可能并不熟悉另一些国家特定的银行法律和客户保护法律，由此增加了法律风险问题。

（三）金融业的网络建设缺乏整体规划

就目前国内网上银行业务的基础环境来看，由于基础设施落后造成资金在线支付的滞后，部分客户在网上交易时仍不得不采用"网上订购，网下支付"的办法。虽然工、农、中、建四大商业银行都建立起自己的网站，但在网站的构架和服务内容上，仍然离电子商务和网络经济的要求有很大的距离。资金、人员等方面的投入严重不足，银行与高新技术产业结合不紧密，造成网络金融市场规模小、技术水平低、覆盖面小，基本上还停留在传统业务的电脑化上。同时，商业银行乃至整个金融业的网络建设缺乏整体规划，使用的软、硬件缺乏统一的标准，更谈不上拥有完整、综合的网上信息系统。

（四）监管管理意识和现有监管管理方式的滞后问题

在网上银行时代，账务收支的无纸化、处理过程的抽象化、机构网点的虚拟化、业务内容的大幅增加，均使现有的监管方式在效率、质量、辐射等方面大打折扣，如密码的保管和定期更换、主机房的安全管理、灾难备份、病毒防范，等等。监管信息的真实性、全面性及权威性面临严峻的挑战，对基于互联网的银行服务业务监管将出现重大变化。

十、国内外网上银行发展

（一）我国网上银行的发展

我国网上银行的发展始于 20 世纪 90 年代中后期，2002 年，国有银行和大部分股份制商业银行都在互联网上建立了自己的网站。外资银行开始进入我国的网上银行领域，网上银行业务量在迅速增加，网上银行业务种类、服务品种迅速增多。

(二)国内外网上银行发展的比较

(1)Internet 的社会普及程度不同。

(2)法律制度及相关标准的完备程度不同。

(3)社会信用程度不同。

(4)经营观念及内部管理制度不同。

第四节　电子支付安全问题

一、电子支付行业现状

与普通支付相比,电子支付具有方便、快捷、高效、经济的优势。而根据观研报告网发布的《中国电子支付行业发展现状研究与投资前景预测报告(2022—2029 年)》显示,2020 年,我国电子支付业务量为 2 352.25 亿笔,较上年同比增长 5.3%;我国电子支付业务金额为 2 711.81 万亿元,较上年同比增长 4%。2021 年,我国我国电子支付业务量为 2 749.69 亿笔,较上年同比增长 16.9%;我国电子支付业务金额为 2 976.22 万亿元,较上年同比增长 9.8%。按照电子支付指令发起方式,电子支付分为网上支付、电话支付、移动支付、销售点终端交易、自动柜员机交易和其他电子支付,其中网上支付、电话支付、移动支付为电子支付主流支付方式。因此,我国电子支付市场要实现高速发展,离不开电子支付法规的完善、电子支付相关政策的支持,也离不开安全保障体制的构筑和安全风险的控制。

二、电子支付产业链模型及其安全性分析

电子支付发展所要求的是开放的支付环境,需要金融、通信、互联网等产业之间的融合。当前,众多的市场参与者,包括银行、非银行支付中介、电子商务企业等。

电子支付直接与金钱挂钩,一旦出现问题会带来较大的经济损失,并会在电子支付链中相互传递风险。我们必须收集、分析、鉴别电子支付产业链中的各种交易信息,对其进行安全性分析。电子支付安全性主要有三层含义:完整性,指信息在存储或传输时不被修改、破坏和丢失,保证合法用户能接收和使用真实信息;身份真实性,指在交易信息的传输过程中,要为参与交易的各方提供可靠标

识，使他们能正确识别对方并能互相证明身份，这可以有效防止网上交易的欺诈行为；不可否认性，指必须防止交易各方日后否认发出或接收过的信息。由此可见，电子支付的安全性对支付模式的管理水平、信息传递技术提出了很高的要求。本书试图从产业链出发，将电子支付安全问题分为两个方面：管理层面的安全——交易安全；技术层面的安全——信息网络安全，并从这两个方面探讨电子支付的安全性。

（一）交易过程存在的安全问题

由于消费者与商家互不知道对方的身份，两者发生交易会产生信用疑虑，解决此类问题的途径可采用第三方担保，即由第三方支付平台采用通信、计算机和信息安全技术，在商家和银行之间连接，实现从消费者到金融机构、商家的货币支付、现金流转、资金清算、查询统计等问题。目前，我国市场上的第三方支付主要有三类：网络支付、移动支付、电话支付。在交易过程中，针对每个交易主体，存在以下安全问题。

对于消费者，一是被他人冒领、盗领款项发生损失。电子支付相关的立法工作相对滞后，对消费者的损失很难提供有效保障。电子支付系统发生故障、操作错误等问题时，对消费者经济方面造成损失。二是交易受阻。利用电子支付方式时，发生因为断线、厂商拒收或其他原因，无法完成特定金额交易的困扰。

对于银行，不能预知客户的随机付款、对外转账和汇款等网上支付指令，付款频率、付款金额均不易掌控。此外，对身份认证的权威性、数据加密强度、商用密码产品、通信安全控制措施等电子支付业务的核心技术等关系互联的技术参数，没有相应的国家标准。各家银行各行其是，互不兼容，发生法律纠纷，商业银行将处于被动地位。

对于第三方支付平台，其本身的法律地位不是很明朗。我国法律规定只有金融机构才有权利吸纳代理用户的资金。第三方支付平台作为非金融实体，其通过提供支付的方式"吸储"不符合法律规定。在第三方交易模式下，第三方支付平台积纳了大量中转资金，一旦发生挪用挤占，将会引起整个支付产业链的恐慌。

（二）信息及网络存在的安全问题

目前信息及网络存在的安全问题主要如下：

信息泄漏。在交易过程中，消费者是弱势群体，商家可以选择支付方式，而消费者在填完一大串信息后不知道这些信息将流向何方，很难杜绝信息的泄漏。

电子支付网络设施落后。近年来，我国网络发展不均衡，我国计算机、网络防火墙还主要依靠国外技术。电子支付诸多参与者现有的技术规范措施不能适应大规模电子交易的需要。以银行为例，银行是电子支付产业链中的核心纽带，而目前我国银行的金融服务和信息化建设水平相对落后，特别是县级以下银行机构，金融服务信息化还存在相当大的难度。普遍存在的网络带宽较窄、速度缓慢等问题，影响了运行效率和支付质量。

潜在隐患。电子支付业务大多通过网络进行，没有了以往的签字、盖章及纸质凭证。银行业务的各种账务和记录都可以不留痕迹地修改，监管部门看到的数据不能正确反映支付情况，这给电子支付带来了潜在的安全隐患。

三、加强电子支付安全的建议及对策

电子支付安全是一个社会系统工程，它需要构建一个从上到下完整的安全体系。这个体系的具体内容包括完善的法律与制度、有效的管理与组织流程以及对风险与责任的合理分配，从而建立用户对支付的消费信心。

（一）构建安全的电子支付产业链

加强电子支付产业链的各参与方主体间的权利义务关系和风险责任分配机制，从产业链各个环节控制风险、强化安全。

(1)消费者增强个人信息安全防范意识。在安全问题上，加强支付者对身份验证或使用密码钥匙的常规了解，通过实施防火墙技术、加密技术、认证技术、防病毒软件即时升级来保障交易安全，同时对专业提供网上支付服务和第三方平台作用的企业也应有足够的认知。在产品问题上，当权益受到侵害后，立即向侵权者提示并警告，向法律专家进行咨询，也可以向有关部门及时投诉。如果涉嫌诈骗，及时报案，以保障自身和其他消费者的合法权益。

(2)加快各类银行卡的发行和功能拓展，更新完善电子网络系统，增加金融电子设备。在设备上，通过购买、租用等方式，选择并拥有诸如硬件设备、系统软件、网络通信及银行前端等基础设施。建立有效的管理制度，包括对相关人员操作权限的授权制度、职责分离制度、外包机构的管理制度、紧急状态、应急制度和交易数据保管制度等。此外，银行在电子支付业务中，应努力保全相关证据资料，设置先进的证据保全系统，对网络交易进行同步保存。除电脑保全交易信息外，对每日电脑打印的日结单，向客户发出的信函、传真等书面材料也应予以存储。

(3)电子商务企业应构建高安全性的运营支付系统，由于涉及的层面非常广，需要在架构设计、系统稳定性设计、信息存储、保密设定等多方面采取措施。完善的技术措施可以规避网络风险。在应用层上采取措施，确保不存在单一故障点，提高系统的稳定性；在架构设计上，确保水平扩展的能力，以便应付将来大流量、大容量时期，对系统进行相应的扩容；建立若干物理隔绝的功能区，避免黑客入侵后长驱直入；使用高端防火墙将重要数据库保护在核心数据区，提高数据安全性；在信息存储方面，使用公开加密算法对数据通信以及数据存储进行加密，确保数据的完整以及安全性。

(4)金融监管部门和央行应当加强对电子支付平台的监督管理和检查力度，及时进行风险提示或处理。此外，要对第三方支付的账户进行规范，要求第三方严格区分自有资金和中转账户资金，不得随意挪用挤占，不得进行风险性盈利投资甚至投机；要求第三方在开户行存入保证金，一旦出现问题，银行可以抵御风险。

(二)构建严格的电子支付监督管理机制

加强业务监管，加强内控防范与电脑犯罪，建立健全监管法律体系，实施适时与定期监控，将传统的现场监管与非现场监管相结合，行业自律与金融监管相结合，合规性监管与风险性监管相结合，创新监管手段、方式、内容，严格电子支付监督管理机制。

1. 强化监管机制

一是设立市场准入监管。设置最低资本金限制，加强内控机制和风险管理，针对第三方支付平台，可采用类金融机构设置保证金机制，积极研究电子支付保险问题。对于行业之间的恶性竞争，可政策引导并购，减少重复建设，扩大规模，增强实力。二是加强业务内容监管，包括强化安全技术，界定业务范围及从业人员的资格。业务开展的管理和日常检查、信息披露等内容，应遵循公开、公平、公正的原则定期向社会发布。三是建立相关制度。从制度层面上进一步明确电子支付业务的准入程序与形式、电子支付业务的审查要点，以及对业务的监管和报告要求等。

2. 建立协同监管机制

要建立人民银行、银保监会、信息产业部等相关部门的协同监管机制。建立联席会议制度，实现信息资源共享，防范金融风险与网络金融犯罪。涉及电子支付及银卡市场的监管主体为央行及银保监会，央行从反洗钱、反非法集资等金融市场稳定的角度实施监管；央行与信息产业部对第三方支付平台实施双重监管，前者维护支付清算系统稳定，后者则从信息服务市场许可制度出发。此外，由于电子支付方式的无国界性，还需建立国际统一的法制规制，加强金融监管的国际合作。

3. 创新监管手段

监管当局除了制定具有针对性的管理办法外，还应加快自身电子化建设步伐，依托先进的科技手段，实施非现场监测，不断适应金融监管中出现的新问题和新情况。同时，学习国外先进的管理办法及监管手段，建立风险预警机制，对显现的问题及早发现并解决。

(三)构建诚信的社会信用环境

电子支付的多方参与者，包括参与交易的双方、第三方支付平台、银行、商务、工商以及其他机构，都要承担一定的信用责任，他们需要在一个完善的诚信环境下交易。目前，我国已经建立起了由中国人民银行负责的个人征信系统、反洗钱监测系统、账户管理信息系统等，这些系统的建立有助于电子支付活动参与者的身份确认和交易选择，在一定程度上保障了电子支付的安全性。也应该看到，现有的信用体系无法完全提供电子支付所需的信用服务，需要建立一整套适应于电子支付的有效信用体系，并完善与诚信相配套的监管体制，对信用机构及其活动进行有效管理。这种诚信环境和机制需要社会各方共同长期努力才能营造出来，需要运用法律、经济、道德等手段提升整个社会的信用水平，构建完善的信用环境。可采取的措施有：加大建立社会信用管理体制的宣传力度；建立企业和个人信用评价与监管机构；建立企业和个人在电子商务活动过程中的第三方信用服务和认证机构；建立完备的法律法规保障及信用奖惩机制等。

第四章 "互联网+"背景下的电子商务安全

第一节 "互联网+"背景下电子商务安全概述

一、电子商务安全的定义及特征

(一)电子商务安全的定义

本书所说的安全,是以网络的视野来进行阐述的,是指网络上所有的信息、数据安全。国际标准化组织(ISO)对计算机系统安全的定义是:为数据处理系统建立和采用的技术和管理的安全保护方法,保护计算机硬件、软件和数据不因偶然和恶意的原因遭到破坏、更改和泄露。我国公安部对计算机安全的定义是:计算机资产安全,即计算机信息系统资源和信息资源不受自然和人为有害因素的威胁和危害。由此,可以将计算机网络安全理解为:通过采用各种技术和管理措施,使网络系统正常运行,从而确保网络数据的可用性、完整性和保密性,可以分为网络设备安全、网络信息安全、网络软件安全。电子商务作为依托互联网开展的商务活动,自然离不开计算机网络,因此电子商务安全从整体上来说,可分为两大部分:计算机网络系统本身的安全和商务交易过程的安全。计算机网络系统的安全内容包括:计算机网络设备安全、计算机网络传输设备安全、计算机网络系统安全、应用软件安全、数据库安全等。其特征是针对计算机网络本身可能存在的安全问题,以保证计算机网络自身的安全性为目标,实施网络安全增强方案。商务交易过程安全则紧紧围绕商务活动在互联网上应用时产生的各种安全问题。因此,商务交易过程安全是在计算机网络安全的基础上保障商务交易过程的顺利进行,实现电子商务交易信息的完整性,使电子商务交易过程信息不可篡改、不可伪造和不可抵赖。

(二)电子商务安全的特征

电子商务安全具有系统性、确定性、有条件性和动态性四个特征。

1. 系统性

电子商务安全的系统性是指构成电子商务安全所包括的一系列因素,既有计算机网络安全和商务交易安全等技术上的问题,还有电子商务管理上的问题,以及与社会的道德准则和人们的行为习惯等方面有关的问题。无论哪一个因素存在问题,都会给电子商务安全带来不利的影响。

2. 确定性

电子商务安全的确定性是指电子商务安全无论从网络技术的角度,还是从管理规章、法律制度的角度来说,都要确保电子商务过程的顺利进行。

3. 有条件性

电子商务安全的有条件性是指电子商务安全是在特定环境下实现的,需要加大投入,并且会因多次的复杂运算使信息的传递速度降低,这也是电子商务安全的成本和代价。

4. 动态性

动态性是指电子商务安全需要从网络技术、管理规章、法律制度、安全防范的角度不断地检查、评估和调整相应的安全策略,以保证电子商务在不断拓宽服务领域时,安全保障措施能够及时跟上。

二、电子商务面临的安全威胁

(一)电子交易中的安全威胁

电子商务发展面临的核心问题是如何保障电子商务交易过程中的安全性。交易安全是网上贸易的基础和保障,也是电子商务技术的难点。

目前,各种安全漏洞、网络系统漏洞,以及人为安全因素,正在慢慢地影响人类进行网络交易的思维方式,围绕着电子商务安全的各种防护技术。网络系统的漏洞修补、人类安全行为等已经成为目前电子商务领域研究的热点和重点。本书根据在电子商务交易过程中,以源头和目的之间的网络系统为例,介绍几种常见的安全威胁,如图4-1所示。

▲▼ "互联网＋"背景下的电子商务研究

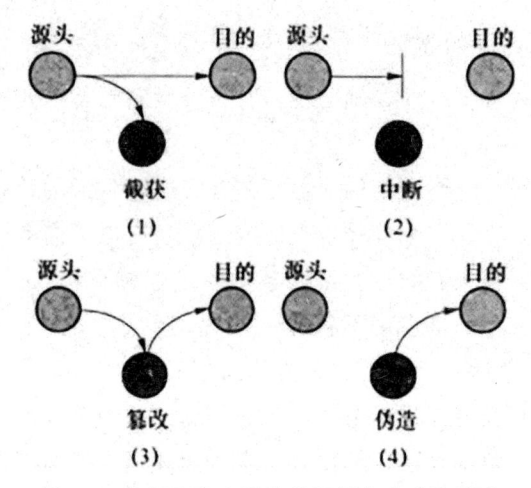

图 4-1 电子商务交易中常见的安全威胁形式

1. 信息的截获——从网络上窃听通信内容

在电子商务交易过程中，商品的信息流、资金流、物流信息等以数据形式存在于互联网上，并在互联网上进行传输，而这些在传输过程中，可能没有采取加密措施、加密手段或者加密强度不够，攻击者可能通过在互联网上安装截获装置、植入软件代码或在数据包通过的网关和路由器上截获数据，获取传输的商业信息，或者通过对 TCP/IP 协议的分析，截获信息流，根据其通信频度和长度等参数的分析，推测出有用的信息，如利用 WiFi 公共热点盗取消费者的银行账号、密码，在互联网上截取企业的商业机密等，这些事件在公开报道中时常见到。

2. 信息的中断——有意中断他人在网络上的通信

这是针对用户可用性信息进行的攻击行为，一般用于商业手段。在这种情况下，信息资源变得不可使用或者损失。网络故障中断、恶意操作错误、应用程序本身漏洞 bug 以及计算机病毒入侵等都可能导致电子商务交易网络的中断，从而使电子商务交易不能正常进行。对此，在电子商务系统中要对产生的潜在威胁加以预测，采用相应的控制策略和应急预案，以保证电子商务交易数据是有效的、可靠的。

3. 信息的篡改——故意篡改网络上传送的报文信息

目前，互联网传输的协议和格式都是标准的，那么攻击者如果非常熟悉网络协议、传输制式，就能够通过各种技术和手段对网络传输的信息进行截获，分析其中有用的信息，出于某种目的对这些信息进行篡改，扰乱信息的真实性，完毕之后再发送到目的端，使目的端接收到不完备数据，从而给目的端造成损失。如目前常见的一些钓鱼网站、欺诈病毒等，通过改变信息流的次序、更改信息的内容，比如购买商品的出货地址，删除某个消息或消息的某些部分，在消息中插入一些让接收方不懂或接收错误的信息，欺骗用户输入用户名、密码、银行卡信息，等等。

4. 信息的伪造——伪造信息在网络上传送

当攻击者掌握了网络数据规律或将商务信息解密以后，可以伪装成合法用户或发送伪造信息来欺骗其他用户。主要有以下两种形式。

一种是伪造电子邮件。例如，伪造一些知名网站、网店，有的模仿得非常像，有的视图一模一样，链接地址只是有一些微小的差异，给用户发送到电子邮箱里，伪造商品信息，从而使用户上当。

另一种是假冒他人身份。例如，伪装成他人身份进行非法授权信息资源的访问或者骗取对方的信任；冒充网络控制程序，套取和修改用户的使用权限、保密字、密钥等信息；接管合法用户，欺骗软件系统，占用合法用户资源，从而给商家和消费者都造成损失。

（二）网络系统中的安全威胁

由于电子商务交易以互联网为基础，不管是专网还是公网，其依托的都是互联网的基础架构，因此，除了在电子商务交易过程中会面临上述一些安全威胁外，还会涉及一般计算机网络系统普遍面临的一些安全问题。从网络安全角度来看，网络系统面临的主要安全威胁有以下几种。

1. 计算机网络设备安全威胁

它包括计算机网络设备的功能故障、电源故障、数据对外接口的信息失密、网络设备接口传输等风险。

2. 自然灾害的威胁

计算机网络设备大多是精密仪器，核心网络设备需要存放在具备防尘、恒温、防水等标准的机房中，其他一些传输设备、中继设备由于存放在户外，各种自然灾害如洪水、风暴、泥石流，还有建筑物被破坏，火灾、空气污染等对计算机网络系统都会构成严重的威胁。

3. 软件的漏洞

在计算机网络安全领域，软件的漏洞是指软件系统的缺陷，包括操作系统和应用软件，有些漏洞是由程序员根据需要预留的，为方便以后管理或者对接，这也叫后门；也有的是非人为因素造成的漏洞，比如微软定期发布的漏洞补丁、我国乌云网站定期检测到的漏洞问题等。这些漏洞会导致非法用户未经授权而获得访问系统的权限或提高其访问权限。

4. 网络协议的安全漏洞

目前,各种网络服务提供的底层基础是通过各种协议来实现的。例如,广泛采用的 TCP/IP 协议族,如 TCP、FTP、HTTP、Mail 等协议栈,在安全方面或多或少存在着一定的缺陷或者漏洞。如今,互联网上许多黑客实施的攻击行为就是利用了这些协议的安全漏洞才得逞的。

5. 计算机病毒的攻击

互联网的发展和普及使得一些人为制造的病毒在网络上泛滥,病毒及其变种层出不穷,杀伤力也大为提高,这些都给商家和消费者带来了许多不便和经济损失。

(三)电子商务安全要素

由于互联网是基于开放性架构的,其本身具有开放性,同时,随着信息通信技术的发展,各种新技术、新设备层出不穷,使得电子商务交易面临着各种安全威胁和风险,因此,针对这些安全风险和威胁,人们提出了相应的六大方面的电子商务安全要素。

1. 可认证性

本书所指的可认证性是指利用互联网进行交易的双方相互确认对方身份的过程。

在传统的商务交易过程中,交易双方一般都是面对面进行商务活动的,这样很容易确认对方的身份,同时通过对方的签名、印章、证书等一系列有形的身份凭证来鉴别交易对方的身份。然而,在进行网上商务交易时,交易双方一般从未谋面,或者相隔千里,并且整个商务交易环节都是通过网络完成。因此,如果不采取任何新的保护措施或者进行第三方认证平台的担保,网上交易一般要比传统的商务活动更容易引起假冒、诈骗、欺骗等违法活动。因此,要求电子商务交易的首要安全要素就是要保证交易双方身份的可认证性,这个过程一般采用第三方认证平台进行。

2. 保密性

保密性是指信息在网络传输或存储的过程中不被他人窃取、泄露,也就是未经授权的人或组织不能够获取信息,同时如果信息经过加密,未经授权者也就无法了解其内容。

在我们日常的商贸活动中,一般都是通过面对面或者电话的信息交换,抑或是通过邮寄封装的信件或可靠的通信渠道发送具有商业信息的报文,从而达到保守商业秘密的目的。而电子商务是建立在一个开放的网络环境下,当交易双方通过互联网交换信息时，由于互联网是一个开放的公用互联网络，如果不采取适当的保密措施，那么其他人就有可能知道他们的通信内容；另外，存储在网络上的文件信息如果不加密的话，也有可能被黑客窃取。上述种种情况都有可能造成敏感的商业信息的泄露，导致商业上的巨大损失。

例如，在信息保密性方面，通常采用对称加密算法实现，随之将对称密码加密后发送到接收方，发送方利用对接加密算法对要传输的信息进行加密，而后利用接收方的公钥对对称密钥进行加密，得到对称密钥的密文，将加密后的信息和加密后的对称密钥一同发送到接收方。接收方利用自己的私钥对加密后的对称密钥解密，而后利用次对称密钥对传输来的加密信息进行解密，以此保证信息的保密性。

3. 完整性

完整性是指保护数据不被未经授权者修改、建立、嵌入、删除、重复传送或者由于其他原因使原始数据被更改，使最终的数据是初始创建的，或者发送方发送的数据和接收方接收到的是一致的。交易各方都能够验证收到的信息是否完整，即信息是否被人篡改过，或者在数据传输过程中是否出现信息丢失、信息重复等差错。

该种方式一般通过消息摘要实现，先通过摘要算法对要传输的信息进行计算得到摘要信息，而后将摘要信息一并传输给接收方。接收方收到信息后，采用相同的摘要算法对原始信息进行计算得到一个摘要信息，而后和发送方传输的摘要信息比对，如果相等，则表示信息完整，没有被篡改。

4. 不可抵赖性

不可抵赖性是指信息在整个电子交易过程的各个环节都必须是不可否认的，即交易一旦达成，发送方不能否认他发送的信息，接收方则不能否认他所收到的信息。它具有一种法律的有效性要求。因此，保证交易过程中的不可抵赖性也是电子商务安全需求中的一个重要方面。这种特性一般利用电子签名来进行保障，先对传输的信息进行摘要算法处理得到摘要信息，而后利用自己的私钥对摘要信息进行加密，获得电子签名，将此电子签名连同原始信息发送给接收方。接收方收到信息后采用同样的摘要算法对信息进行处理得到摘要信息，同时利用发送方的公钥对加密后的摘要信息进行解密，将解密后的摘要信息和自己计算得到的摘要信息进行对比，如果一致，则表示信息是发送方发送的。

5. 不可拒绝性

不可拒绝性又称为有效性或可靠性，是保证授权用户在正常访问信息和资源时不被拒绝，即保证为用户提供稳定的、有效的、持续的服务。

电子商务依托互联网开展的有别于传统商务的商务活动，其信息的有效性直接关系到个人、企业或国家的经济利益和声誉。因此，对网络故障、操作错误、应用程序错误、硬件故障、系统软件错误及病毒所产生的潜在威胁需要加以控制和预防，以保证服务不被拒绝。

"拒绝服务"往往使商务交易不能进行，使参与商务的各方蒙受损失。因此，商务服务具有不可拒绝性需求。

6. 访问控制性

访问控制性是指按照用户身份及其所归属的某项定义权限组合来限制用户对某些信息项的访问，或者限制某些功能的使用，从而起到保护计算机系统资源（信息、计算和通信资源）不被未经授权的人或方式访问，以达到控制非法的接入、使用、修改、破坏、发出指令或植入程序等。

第二节 "互联网+"背景下网络安全技术研究

电子商务系统的安全性主要是网络平台的安全和交易信息的安全。网络平台的安全是指网络操作系统对抗网络攻击、病毒，使网络系统连续稳定地运行。网络安全常用的保护措施有防火墙技术、病毒防范技术、入侵检测技术、漏洞扫描技术和虚拟专用网络技术等。

一、防火墙技术

因为要进行电子交易，企业不得不把内部网络连接到互联网，这就意味着与网上成千上万的计算机建立了通路。为了维护企业内部网络和信息的安全，就需要有一种工具和技术对流入的数据和服务进行严格的控制，由此出现了防火墙。

（一）防火墙的概念

防火墙（Firewall）是目前一种重要的网络防护设备，指一个由软件系统和硬件设备组合而成的在企业内部网与外部网之间的保护屏障。防火墙是不同网络或网络安全域之间信息的唯一出入口，能根据企业的安全政策控制（允许、拒绝、监测）出入网络的信息流，且本身具有较强的抗攻击能力。防火墙是提供信息安全服务、实现网络和信息安全的基础设施。

在逻辑上，防火墙是一个分离器，一个限制器，一个分析器，也是一个保护装置，能有效地监控Intranet和互联网之间的任何活动，保证内部网络的安全。

防火墙的结构组成如图 4-2 所示。

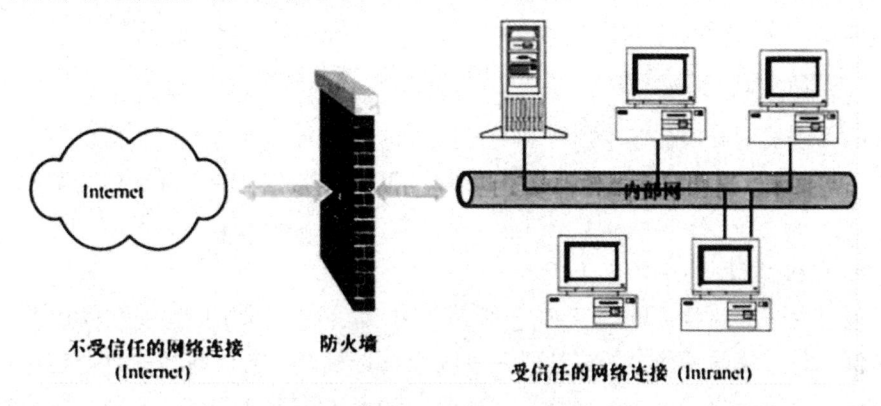

图 4-2 防火墙的结构组成

(二) 防火墙的安全策略和功能

常用的防火墙安全策略有两种：一是没有被列为允许访问的服务都是被禁止的，这是安全性高于一切的策略。这种策略尽管非常实用，可以形成一个安全的环境，但是其安全是以牺牲用户使用的方便为代价的，用户和信息会因未被列入允许服务名单而被拒之门外，使网络的应用范围和效率有所降低。二是没有被列为禁止访问的服务都是被允许的，这种策略只需确定那些不安全的客户和服务，以禁止他们访问。这种策略使网络的灵活性得到保留，但容易出现漏网之鱼，使安全风险增大。因此，网络管理员必须随时发现要禁止访问的服务，并添加到安全策略中去。

1. 防火墙的基本功能

一般来说，防火墙具有以下五种基本功能。

(1) 保护易受攻击的服务。

(2) 控制对特殊站点的访问。

(3) 集中化的安全管理。

(4) 集成入侵检测功能，提供监视互联网安全和预警的方便端点。

(5) 对网络访问进行日志记录和统计。

2. 防火墙的缺陷

防火墙也有以下不足之处。

(1) 不能防范恶意的知情者。

(2) 不能防范不通过它的连接（绕过防火墙）或者来自内部的攻击。

(3) 不能防备所有威胁，防火墙只能用来防备已知的威胁。

(4)不能防止感染了病毒的软件和文件的传输,但可以通过设置防范已知的木马程序。

(三)防火墙的种类

防火墙技术可根据基本原理和防范方式的不同分为包过滤型、网络地址转化型、代理服务型和状态监视器型等几种基本类型。这里主要介绍包过滤型和代理服务型。

1. 包过滤型

包过滤防火墙(Packer Filter)通常安装在路由器上,并且大多数商用路由器都提供了包过滤的功能。包过滤是一种安全筛选机制,它控制哪些数据包可以进出网络,而哪些数据包应被网络拒绝,是一种通用、廉价、有效的安全手段。这种防火墙类型之所以通用,是因为它不针对各个具体的网络服务采取特殊处理方式;它之所以廉价,是因为大多数路由器都提供分组过滤功能;它之所以有效,是因为其能很大程度地满足企业的安全要求。

包过滤技术通过一个检测模块,根据预先设定的过滤原则对流经防火墙的数据包进行检测,以决定是转发还是丢弃该数据包。包过滤技术可以控制站点之间、站点与网络之间以及网络之间的相互访问,但对于应用层传输的数据内容没有控制能力。包过滤技术在网络层和传输层起作用,它根据分组包的源宿地址、端口号及协议类型、标志确定是否允许分组包通过,而将不合乎逻辑的数据包删除。

2. 代理服务型

代理服务系统(Proxy Service)一般安装并运行在双宿主机上。双宿主机(具有至少两个网络接口的计算机,简称双宿主机)是一个被取消路由功能的主机。与双宿主机相连的外部网络和内部网络之间在网络层是被断开的,这样做的目的是使外部网络无法了解内部网络的拓扑。这与包过滤防火墙明显不同,就逻辑拓扑而言,代理服务型防火墙比包过滤型防火墙更安全。

基于代理的防火墙源于人们对越来越多不可靠网络的信息安全需求。由于包过滤防火墙可以按照 IP 地址禁止未授权者访问,但是它不适合企业用来控制内部人员访问外界的网络,对于这样的企业来说,代理服务是最好的选择。所谓代理服务,即防火墙内外的计算机系统应用层的链接是在两个终止于代理服务的链接来实现的,这样便成功实现了防火墙内外计算机系统的隔离。代理服务是设置在互联网防火墙网关上的应用,是在网络管理员允许或拒绝下的特定应用程序或者特定服务,完全控制客户机和真实服务器之间的流量,并对流量情况加以记录。目前，代理服务器型防火墙产品一般还包括包过滤功能。

二、病毒防范技术

随着计算机在政治、军事、金融、商业等领域的应用越来越广泛，社会对计算机网络信息系统的依赖也越来越大，计算机病毒攻击与防范技术也在不断发展。世界各地因遭受计算机病毒感染和攻击的事件数以亿计，严重地干扰了人类正常的社会生活，也给计算机网络和系统带来了巨大的威胁和破坏。随着计算机网络运用的不断普及，防范计算机病毒越来越受到人们的高度重视。

（一）计算机病毒的含义

计算机病毒是指编制或者在计算机程序中插入的破坏计算机功能或者毁坏数据，影响计算机使用，并能自我复制的一组计算机指令或程序代码。计算机病毒通常隐藏在其他看起来无害的程序、数据文件或磁盘的引导区中，不易被人们发现。当程序执行、数据复制或磁盘读写时，隐藏的病毒往往先运行，与合法程序争夺系统的控制权，并借机修改其他程序或数据文件，把自己按原样或演化过的形式复制到其他文件中，感染这些文件，实现病毒传播。

（二）计算机病毒的特点

与一般的计算机程序相比，计算机病毒一般具有以下几个特点。

1. 破坏性

任何计算机病毒只要侵入系统，都会对系统及应用程序产生不同程度的影响，轻者会降低计算机的工作效率，占用系统资源；重者可导致系统崩溃。

2. 隐蔽性

计算机病毒程序大多隐藏在正常程序之中，很难被发现，它们通常附在正常程序中或磁盘较隐蔽的地方，如果不经过扫描分析，很难区别病毒程序与正常程序。受到病毒传染后，计算机系统通常仍能正常运行，用户不会感到有任何异常。

3. 潜伏性

大部分计算机病毒感染系统之后不会马上发作，会长期隐藏在系统中，只有在满足特定条件时才会启动其破坏模块。例如，著名的"黑色星期五"病毒在每月13日如果又恰逢星期五时发作。

4. 传染性

传染性是指计算机病毒具有把自身复制到其他程序中的特性。病毒程序代码一旦进入计算机并得以执行，它会寻找其他符合其传染条件的程序或存储介质，确定目标后再将自身代码插入其中，从而达到自我繁殖的目的。

5. 可激发性

计算机病毒在传染和攻击时都需要一个触发条件，这个条件是由病毒制造者决定的，它可以是系统的内部时钟、特定字符、特定文件、文件使用次数、系统启动次数等。

6. 攻击性

计算机病毒入侵系统后，时刻监视系统的运行，一旦时机成熟，即对系统实施主动攻击。

（三）计算机病毒的防范

1. 正确安装和使用杀毒软件，加强内部网的整体防病毒措施

尽量打开杀毒软件的各类防护功能，另外，必须及时升级更新杀毒软件的病毒库和扫描引擎。如360杀毒是完全永久免费的杀毒软件，它创新性地整合了四大领先防杀引擎，提供全面的病毒防护，不但查杀能力出色，而且能第一时间防御新出现的病毒木马。

2. 堵住系统漏洞，经常升级打补丁

计算机系统在开发和设计的过程中或多或少都存在相应的系统漏洞，这相当于为病毒和木马的入侵留下了"后门"。因此，要特别注意用360安全卫士等安全防护软件定期进行漏洞的扫描和修复，从官方网站下载最新的安全补丁，防患于未然。

3. 启用网络防火墙

通过网络防火墙可以有效地实现计算机与外界信息的过滤，实时监控网络中的信息流，保护本地计算机不被病毒或者黑客程序破坏。

4. 建立良好的安全习惯

有些安全威胁是由人为操作不当引起的，因此，养成良好的安全习惯尤为重要。例如，慎重对待邮件附件，在打开邮件前对附件进行预扫描；不要登录一些不太了解的网站和随意单击不明链接，防止其带有恶意代码；不要执行从互联网下载后未经杀毒处理的软件，尽量到公众都比较熟悉的专业网站下载软件，以保证下载软件的安全性；不要随意接收文件或盲目转发信件，因为这样可能会帮助病毒传播。

5. 使用复杂的密码

有许多网络病毒就是通过猜测简单密码的方式攻击系统的，因此使用复杂的

第四章 "互联网+"背景下的电子商务安全 ▼▲

密码将会大大提高计算机的安全系数。密码设置尽可能使用字母数字混排,单纯的英文或者数字很容易穷举。将常用的密码设置为多个,防止被人查出一个后连带查到重要密码。重要密码最好经常更换。

6. 关闭或者删除系统中不需要的服务

默认情况下,许多操作系统会安装一些辅助服务,如FTP客户端、Telnet和Web服务器,这些服务为攻击者提供了方便,而又对用户没有太大用处,如果删除它们,就能减少被攻击的可能性。

7. 尽量少用或不用共享文件夹

如果因工作等原因必须将计算机设置成共享,则最好单独开一个共享文件夹,把所共享的文件都放在这个共享文件夹中,注意不要将系统目录设置成共享。

8. 合理设置浏览器的安全级别

在"互联网选项"对话框中,进行合理的"安全"设置,不要随意降低安全级别,以减少来自恶意代码和ActiveX控件的威胁。

9. 加强数据备份和恢复措施

即使用户正确地按照上述计算机病毒防范应对措施做了,也有了良好的安全防范意识和良好的计算机使用习惯,计算机病毒还是有可能破坏用户的操作系统或计算机中的数据,这时候就需要使用系统备份与恢复等最终解决方案了。

反病毒是一个长期工程,所谓"道高一尺,魔高一丈",除了上述日常技术手段之外,定期的安全检查是防范病毒的必要步骤。用户应该使用安全检查工具或者请专业人员定期对自启动项、进程等关键内容进行检查,及时发现存在的问题。

三、入侵检测技术

(一)入侵检测系统的概念

随着计算机网络的普及,网络环境变得越来越复杂,攻击者越来越多,攻击工具与手法日趋复杂。单纯的防火墙已无法满足对安全高度敏感的部门的需要,网络防卫必须采用一种纵深的、多样的手段。于是,入侵检测系统成为网络安全需求发展的必然,其不仅受到人们更多的关注,而且已经在不同环境中发挥了重要作用。假如防火墙是一幢大楼的门卫,防病毒软件是警察,那么入侵检测系统就是这幢大楼里的监视系统,可以监视什么人进入了大厦,进入大厦后到了什么地方、做了什么事。入侵检测是实现安全监视的技术,可发现网络内的异常数据包、登录主机后的异常操作等。

入侵检测系统定义为对计算机和网络资源的恶意使用行为进行识别和相应处理的软件、硬件系统，通过对计算机系统进行监视，提供实时的入侵检测，并采取相应的防护手段。入侵检测系统可对潜在的攻击行为进行检测，包括网络内部用户的越权行为和系统外部的入侵行为。

（二）入侵检测系统的组成

一个入侵检测系统包括四个组件：事件产生器、事件分析器、响应单元和事件数据库。

事件产生器的目的是从整个计算环境中获得事件，并向系统的其他部分提供此事；事件分析器通过分析得到数据，并产生分析结果；响应单元则是对分析结果做出反应的功能单元，它可以做出切断链接、改变文件属性等强烈反应，也可以只是简单地报警；事件数据库是存放各种中间和最终数据的地方的统称，它可以是复杂的数据库，也可以是简单的文本文件。

（三）入侵检测系统的功能

入侵检测系统的功能如下：
(1)监视用户和系统的运行状态，查找非法用户和合法用户的越权行为。
(2)检测系统存在的安全漏洞，并提示管理员进行漏洞的修复。
(3)通过对用户非正常的操作行为进行统计分析，以找到入侵行为的规律。
(4)识别系统攻击模式，及时向管理员进行报警提示。
(5)对系统进行检测以保证系统程序和数据的一致性与正确性。
(6)具有系统审计跟踪机制，可识别违反规则的用户行为。

四、漏洞扫描技术

随着各种漏洞不断曝光，不断被黑客利用，不仅为企业本身带来了损失，也可能给用户带来巨大的损失。如2008年闹得沸沸扬扬的DNS漏洞，黑客利用该漏洞可以成功地控制任意一个网站。这个漏洞会造成用户输入正确的银行网址却很可能登录到黑客伪造的站点，这对用户的损失可想而知。治理漏洞已经成为企业网络安全管理中重要的一环。

漏洞扫描技术是为使系统管理员能够及时了解系统中存在的安全漏洞，并采取相应的防范措施，从而降低系统安全风险而发展起来的一种安全技术。利用漏洞扫描技术，可以对局域网、Web站点、主机操作系统、系统服务以及防火墙

第四章 "互联网+"背景下的电子商务安全

系统的安全漏洞进行扫描，可以检查出正在运行的网络系统存在的不安全服务，在操作系统中存在的可能会导致系统遭受缓冲区溢出攻击或者拒绝服务攻击的安全漏洞，以及手机系统中是否被安装了窃听程序，防火墙系统是否存在安全漏洞和配置错误等。

网络入侵的过程一般是先利用扫描工具对要入侵的目标进行扫描，找到目标系统的漏洞或脆弱点，然后进行攻击。对于系统管理员来说，网络安全的第一步工作仍然是利用扫描工具对计算机系统或者其他网络设备进行安全相关的检测，发现安全隐患和可被攻击者利用的漏洞，从而想方设法对这些薄弱点进行修复以加强网络和主机的安全性。显然，漏洞扫描软件是一把双刃剑，黑客利用它入侵，而管理员使用它来防范。

总之，漏洞扫描技术是一门较新的技术，它从另一个角度来解决网络安全问题。具体来讲，防火墙技术是被动防御，入侵检测技术是被动检测，而漏洞扫描技术则是自身主动进行有关安全方面的检测。因此，从网络安全立体纵深、多层次防御的角度出发，主动进行安全漏洞的检测越来越受到人们的重视。

五、虚拟专用网络技术

虚拟专用网络(Virtual Private Network，VPN)技术是一种在公用互联网络上构造企业专用网络的技术。通过 VPN 技术，可以实现企业不同网络的组件和资源之间的相互连接，它能够利用 Internet 或其他公共互联网络的基础设施为用户创建隧道，并提供与专用网络一样的安全和功能保障。虚拟专用网络允许远程通信方、销售人员或企业分支机构使用 Internet 等公共互联网络的路由基础设计，以安全的方式与位于企业内部的服务器建立连接。

VPN 可以利用 IP 网络、帧中继网络和 ATM 网络建设。VPN 的具体实现是采用隧道技术，将企业内的数据封装在隧道中进行传输。隧道技术是一种通过使用互联网络的基础设施在私用网络之间或私用网络与特定主机之间传递数据的方式，它可以在两个系统之间建立安全的信道用于电子数据交换。

在 VPN 中通信的双方彼此都比较熟悉，这意味着可以使用复杂的专用加密和认证技术，只要通信的双方默认即可，没有必要为所有的 VPN 进行统一的加密和认证。现有的或正在开发的数据隧道系统可以进一步增加 VPN 的安全性，从而能够保证数据的保密性和可用性。

第三节 "互联网+"背景下数据加密技术研究

随着计算机和通信技术的迅猛发展，大量的敏感信息常通过公共通信设施或计算机网络进行交换；特别是互联网的广泛应用，以及电子商务与电子政务的迅速发展，越来越多的个人信息需要严格保密，如银行卡账号、个人隐私等。正是这种对信息的机密性需求，使得数据加密成为应用最广、成本最低而且相对最可靠的方法。

一、密码学概述

一个数据加密系统主要包括明文、密文、加密算法、解密算法和密钥几个基本要素。加密一般是指利用信息变换规则把可懂的信息（明文）变成不可懂的信息（密文），其中的变换规则称为加密算法，算法中的可变参数称为密钥。衡量一个加密技术的可靠性，主要取决于解密过程的数学难度，而不是对加密算法的保密。当然可靠性还与密钥的长度有关。在加密算法公开的情况下，密钥对保护安全至关重要。为了使黑客难以破获密钥，就要增加密钥的长度，使黑客无法用穷举法测试并破解密钥。当密钥超过 100 位（bit），即使是使用高性能计算机，也需几个世纪才能破解，因此现在采用的密钥都有 128 位以上。

通常把加密手段分为两种：一种是硬件加密，其效率和安全性非常高，但硬件设备有专用性，成本高而且不通用；另一种是软件加密，其优点是灵活、方便、实用、成本低，但安全性不如硬件加密高。目前，数据加密的技术分为两类，即对称加密和非对称加密，它们的主要区别在于所使用的加密和解密的密钥不同。

二、对称密钥加密技术

对称加密又称为私钥或单钥加密，即数据收发双方加密和解密均使用同一种加密算法和同一个密钥。也就是说，一把钥匙开一把锁。对称加密的过程是：发送方用自己的私有密钥对要发送的信息进行加密，并将加密后的信息通过网络传送给接收方；接收方用发送方进行加密的那把私有密钥对接收到的加密信息进行解密，得到明文信息。采用这样的加密体制，即使 A、B 间的窃听者截取了密文，知道采用何种密码算法系统加密，但由于没有密钥，同样很难破译出明文。最常用的对称加密算法为 DES 算法（Data Encrypt Standard），其密钥的长度一般为 64 位或 56 位。

对称加密技术的优点是算法简单，加密、解密的处理速度快，适用于加密含有大量数据的信息，同时密钥也相对较短。对称加密技术的最大缺点是密钥管理困难，因为交易双方必须要持有同一把密钥，且不能让他人知道。一旦密钥泄露，则信息就失去了保密性，发送方和接收方再进行通信就必须使用新的密钥。在互联网大环境中，每两个人通信就要求一把密钥，当有多个人彼此之间进行保密通信时需要的密钥组合就会是一个天文数字。另外，对称加密技术无法解决消息确认，消息发送方可否认发送过某个信息，这不符合电子商务的不可抵赖性要求。

三、非对称密钥加密技术

为了克服对称加密技术存在的密钥管理和分发上的问题，产生了非对称加密技术。非对称加密也称为公开密钥加密，分配给每个人一对密钥——公钥（Public Key）和私钥（Private Key），前者用于加密信息，后者用于解密信息。公钥是公开的，可在网站自由查询，私钥则由商户个人保密，为私有。公钥不能用于解密，也不能推导出私钥，公钥与私钥唯一对应。最常用的非对称加密算法为 RSA 算法（Rivest、Shamir 和 Adleman），它的安全性依赖于大数分解问题的难解性。算法中使用的公钥和私钥都是两个大素数（大于 100 个十进制位）的函数。据猜测，从一个密钥和密文推断出明文的难度等同于分解两个大素数的积。RSA 是目前被研究得最广泛的公钥算法，从提出到现在已近 20 年，经历了各种攻击的考验，逐渐为人们所接受，公众普遍认为其是目前最优秀的公钥方案之一。

非对称加密技术的优点在于：密钥的分配与管理非常简单和安全，不需要通过密码的通道和复杂的协议来传送密钥。它能够实现数字签名和数字鉴别，从而实现电子商务所要求的不可抵赖性，这也是非对称加密技术的最大贡献。当然，非对称加密技术也有缺点，那就是密钥较长，加密、解密花费时间长，速度慢。当商家和顾客在互联网上进行商务活动时，加密、解密累积的时间会很多。所以非对称加密技术一般不适合对数据量较大的文件加密，而只适合对少量数据加密。

四、混合加密技术

在实际应用中，电子商务的安全加密系统更倾向于组合应用上述两种加密方式。对称加密算法用于信息加密；非对称加密算法用于密钥分发、数字签名、完整性及身份鉴别等。利用此种加密方式对文件进行加密传输的过程如下。

(1)文件发送方产生一个对称密钥，并用该对称密钥将需要保密的文件进行加密处理后，通过网络传送给接收方。

(2)同时，为了保证对称密钥的传输安全，发送方会将该对称密钥用接收方的公钥进行加密处理后，通过网络传送给接收方。

(3)接收方用自己的私钥将进行过安全处理的对称密钥进行解密，就可以得到发送方用来加密文件时用到的对称密钥。

(4)最后，接收方用得到的对称密钥将加密的文件进行解密，从而得到原文。

第四节 "互联网＋"背景下认证技术研究

一、数字签名技术

(一)数字签名

在人们的工作和生活中，许多事物的处理都需要当事者签名，比如政府文件、商业合同等。签名起到认证、审核的作用。在传统的商务活动和基础事务中，认证通常采用书面签名的形式，比如手写、指印、公章等；而在电子商务和以网络为基础的事务处理中，因为时间和空间条件的限制，传统的书面签名形式往往无法满足通信各方的需求，所以一种新的电子签名方式被广泛采用，即数字签名。

数字签名技术以加密技术为基础，其核心是采用加密技术的加、解密算法体制来实现对报文的数字签名。数字签名能够实现以下功能：接收方能够证实发送方的真实身份；发送方事后不能否认所发送过的报文；接收方或非法者不能伪造、篡改报文。

(二)数字摘要

数字摘要是保证数字签名实现的重要技术。数字摘要是将任意长度的消息变成固定长度的短消息，它类似于一个自变量是消息的函数，也就是单向哈希(Hash)函数技术。数字摘要除了可用于前面所讨论的数字签名之外，还可用于信息完整性检验、各种协议的设计及计算机科学等。

(三)数字签名的实现过程

数字签名的实现过程如下：

①首先，发送方用哈希函数将原文生成数字摘要。

②其次，采用公共密钥体系用发送方的私有密钥对数字摘要文件进行加密处理，生成数字签名，并把数字签名附加在原文后面一起发送给接收方。

③再次，接收方使用自己的私有密钥对数字签名文件进行解密验证，并得到数字摘要文件。此过程验证成功则说明原文是由特定的发送方发送的。

④最后，接收方将收到的原文信息用哈希函数重新处理生成数字摘要，并将该数字摘要文件与之前解密验证获得的数字摘要进行对比，如果两个数字摘要文件是相同的，说明文件在传输过程中没有被破坏。数字签名的实现过程如图 4-3 所示。

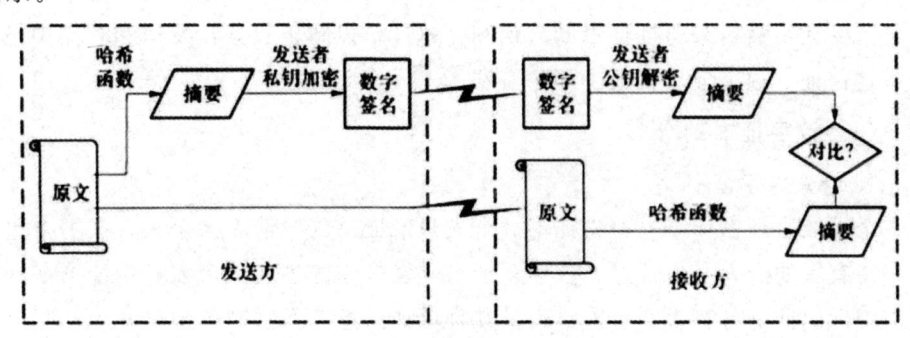

图 4-3 数字签名的实现过程

二、数字证书

(一) 数字证书的概念

数字证书又称为数字凭证，即使用电子手段证实一个用户的身份和对网络资源的访问权限。数字证书是一种数字标识，也可以说是网络上的安全护照，它提供的是网络上的身份证明。数字证书拥有者可以将其证书提供给其他人、Web 站点及网络资源，以证实其合法身份，并且与对方建立加密的、可信的通信。

(二) 数字证书的功能

基于 Internet 的电子商务系统技术使进行网上购物的顾客能够极其方便地获得商家和企业的信息，但同时也增加了某些敏感或有价值的数据被滥用的风险。为使买卖双方都相信在因特网上进行的一切金融交易运作都是真实可靠的，并且使顾客、商家和企业等交易各方都具有绝对的信心，因而因特网电子商务系统必须保证具有十分可靠的安全保密技术，也就是说必须保证网络安全的四大要素，即信息传输的保密性、数据交换的完整性、发送信息的不可否认性、交易者身份的确定性。

这一切都可以用数字证书来实现,数字证书的主要功能如下。

(1)文件加密:通过使用数字证书对信息进行加密,保证文件的保密性;采用基于公钥密码体制的数字证书能很好地解决网络文件的加密通信。

(2)数字签名:数字证书可以用来实现数字签名,防止他人篡改文件,保证文件的正确性、完整性、可靠性和不可抵赖性。

(3)身份认证:利用数字证书实现身份认证可以解决网络上的身份验证,能很好地保障电子商务活动中的交易安全问题。

虽然数字证书无须保密,但是数字证书具有自我保护特性,用户能够通过认证机构的数字签名来验证证书的真伪和完整性,以防止数据在发送和存储中被修改,这保证了数字证书相关功能的实现。

(三)数字证书的分类

1. 个人数字证书

个人数字证书即个人身份证书。个人身份证书的申请者为个人,证书中包含证书持有者的个人身份信息、公钥及证书颁发机构的签名;个人身份证书在网络通信中标识证书持有者的个人身份,并且保证信息在互联网传输过程中的安全性和完整性。个人身份证书主要应用于个人网上交易、网上支付、电子邮件等相关业务中,实现个人用户身份认证、信息加密、数字签名等功能。

2. 企业数字证书

企业数字证书即企业身份证书。企业身份证书申请者为企事业单位,证书中包含证书持有者的企业身份信息、公钥及证书颁发机构的签名;企业身份证书在网络通信中标识证书持有者的企业身份,并且保证信息在互联网传输过程中的安全性和完整性。企业身份证书主要应用于企业在对外网络业务中的身份识别、信息加密及数字签名等。

3. 服务器数字证书

服务器数字证书即服务器身份证书。服务器身份证书中包含服务器信息、公钥及认证机构的签名,在网络通信中用于标识和验证服务器身份,它是数字证书的另一种形式,类似于驾驶证、护照和营业执照的电子副本。服务器身份证书通过在客户端浏览器和 Web 服务器之间建立一条安全套接层(Secure Sockets Layer,SSL)安全通道,保证双方传递信息的安全性,而且用户可以通过服务器身份证书验证其所访问网站是否真实可靠。在网络应用系统中,服务器软件利用证书机制保证与其他服务器或客户端通信的安全性。

4. 安全邮件数字证书

安全邮件数字证书中包含用户的邮箱地址信息，用于电子邮件的身份识别、邮件的数字签名、加密。在发送电子邮件过程中，使用安全邮件数字证书，可以对电子邮件的内容和附件进行加密，确保邮件在传输的过程中不被他人阅读、截取和篡改；对于接收方而言，其可以利用安全邮件数字证书确认该电子邮件是由发送方发送的，并且在传送过程中未被篡改。

5. Web 站点数字证书

Web 站点数字证书中包含 Web 站点的基本信息、公钥和认证机构的签名，凡是具有网址的 Web 站点均可以申请使用该证书。该证书主要和网站的 IP 地址、域名绑定，可以保证网站的真实性和不被人仿冒。

6. 安全代码签名证书

安全代码签名证书是认证机构签发给软件提供商的数字证书，包含软件提供商的身份信息、公钥及认证机构的签名。对于用户来说，使用代码签名证书可以清楚了解软件的来源和可靠性，增强了用户使用 Internet 获取软件的决心。万一用户下载的是有害软件，也可以根据证书追踪到软件的来源。对于软件提供商来说，使用代码签名证书，其软件产品更难以被仿造和篡改，增强了软件提供商与用户间的信任度和软件商的信誉。

三、CA 认证

（一）CA 认证的概念

电子商务安全认证体系的核心机构就是 CA 认证中心（CA，Cerifcation Authority，证书授权）。认证中心作为受信任的第三方，需要承担网上安全电子交易的认证服务，主要负责产生、分配并管理用户的数字证书。认证中心对电子商务活动中的数据加密、数字签名、防抵赖、数据完整性以及身份鉴别所需的密钥和认证实施统一的集中化管理，支持电子商务的参与者在网络环境下建立和维护平等的信任关系，保证网上在线交易的安全。建立 CA 的目的是加强数字证书和密钥的管理工作，增强网上交易各方的相互责任，提高网上购物和网上交易的安全，控制交易的风险，从而推动电子商务的发展。

（二）CA 的功能

CA 的功能如下：

（1）证书申请：接收证书申请者的申请并验证身份。

(2)证书审批和发放:产生证书申请的审批,确定是否给申请者发放证书,若同意则发放公钥证书;反之,拒绝发放公钥证书。

(3)证书更新:接收并处理申请者的证书更新请求。

(4)接收并处理合法身份者的证书查询和撤销申请。

(5)产生并管理证书废止列表 CRL。

(6)将各用户的数字证书归档。

(7)产生并管理密钥,包括密钥备份及恢复。

(8)将用户的历史数据归档。

四、身份认证技术

身份认证技术是指计算机及网络系统确认操作者身份的过程中所应用的技术手段。当用户登录系统时,用户必须提供他是谁的证明,系统将对其辨认、比较、验证该用户的真实性。

在真实世界,对用户身份进行认证的基本方法可以分为以下三种:

第一种:根据用户所知道的信息来证明用户的身份,如密码、密钥。

第二种:根据用户所拥有的物理介质来证明用户的身份,如智能卡、动态口令牌、USB Key 等。

第三种:直接根据独一无二的身体特征证明用户的身份,如指纹、面部、声音、视网膜或签名笔迹等。

在网络世界,对用户身份进行认证采取的手段与真实世界中一致,为了达到更高的身份认证安全性,逐渐产生了一些新型的认证技术和产品。目前,除了常见的用户名加密码的方式以及前面讲过的数字证书和数字签名之外,可用的身份认证技术有生物特征识别技术、动态口令、IC 卡认证和 USB Key 等加密方式。在某些场景下,为了进一步加强认证的安全性,会在上面三种方式中挑选两种混合使用,即所谓的双因素认证或多因素认证。例如,使用网银进行转账时,需要使用动态口令牌+静态密码或 USB Key+静态密码的方式。

第五节 "互联网+"背景下的电子商务安全交易标准

网络安全是电子商务发展的基本前提。电子商务中的信息交换往往需要通过公共网络传输,为了保护公共网络上任意两点间信息交换的安全,出现了各种用于加强 Internet 通信安全的协议，这些协议分别在不同的协议层上进行，为电子商务业务提供安全的网络环境。

一、安全套接层协议（SSL 协议）

安全套接层是一种传输层技术，由 Netscape 开发，可以实现兼容浏览器和服务器（通常是 Web 服务器）之间的安全通信。SSL 协议是目前网上购物网站中常使用的一种安全协议。使用 SSL 协议在于确保信息在网际网络上流通的安全性，让浏览器和 Web 服务器能够安全地进行沟通。简单地说，所谓 SSL，就是在和另一方通信前先讲好一套方法，这个方法能够在它们之间建立一个电子商务的安全性秘密信道，确保电子商务的安全性；凡是不希望被别人看到的机密数据，都可通过这个秘密信道传送给对方，即使通过公共线路传输，也不必担心别人偷窥。SSL 为快速架设商业网站提供了比较可靠的安全保障，并且成本低廉、容易架设。

SSL 标准主要提供了三种服务，即数据加密服务、认证服务与数据完整性服务。首先，SSL 标准要提供数据加密服务。SSL 标准采用的是对称加密技术与公开密钥加密技术。SSL 客户机与服务器进行数据交换之前，首先需要交换 SSL 初始握手信息，在 SSL 握手时采用加密技术进行加密，以保证数据在传输过程中不被截获与篡改。其次，SSL 标准要提供用户身份认证服务。SSL 客户机与服务器都有各自的识别号，这些识别号使用公开密钥进行加密。在客户机与服务器进行数据交换时，SSL 握手需要交换各自的识别号，以保证数据被发送到正确的客户机或服务器上。最后，SSL 标准要提供数据完整性服务。它采用哈希函数和机密共享的方法提供完整的信息服务，在客户机与服务器之间建立安全通道，以保证数据在传输中完整地到达目的地。

SSL 安全协议也有它的缺点，主要有不能自动更新证书、认证机构编码困难、浏览器的口令具有随意性、不能自动检测证书撤销表、用户密钥信息在服务器上是以明文方式存储等。另外，SSL 虽然提供了信息传递过程中的安全性保障，但是本该只在银行才能看到的信用卡相关数据，转到了商家后都被解密，客户的数据完全暴露在商家面前。SSL 安全协议虽然存在着缺点，但由于它操作容易、成本低，而且又在不断地改进，所以在欧美的商业网站中应用比较广泛。

二、安全电子交易协议（SET 协议）

在开放的因特网上进行电子商务，如何保证交易各方传输数据的安全成为电子商务能否普及的最重要问题。SSL 协议虽然可以保证交易双方的安全通信,但无法满足实际电子商务交易过程中多方认证及通讯的需求。于是,1996 年由 Visa 与 MasterCard 两家信用卡组织推出,并且与众多 IT 公司,如 Microsoft、Netscape、RSA 等共同发展而成的安全电子交易(Secure Electronic Transaction,SET)协议应运而生。SET 协议在保留对客户信用卡认证的前提下,又增加了对商家身份的认证,这对于需要支付货币的交易来讲是至关重要的。由于设计合理,SET 协议得到了 IBM、Microsoft 等许多大公司的支持,已成为事实上的工业标准。

SET 协议是一种以信用卡为基础,在因特网上交易的付款协议书,是授权业务信息传输安全的标准,它采用 RSA 密码算法,利用公钥体系对通信双方进行认证,用 DES 等标准加密算法对信息进行加密传输,并用散列函数来鉴别信息的完整性。

SET 协议是一种用来保护在因特网上付款交易的开放式规范,它包含交易双方身份的确认、个人和金融信息隐秘性及传输数据完整性的保护,其规格融合了由 RSA 数据的双钥密码体制编成密码文件的技术,以保护在任何开放型网络上个人和金融信息的隐秘性。SET 协议提供了一套既安全又方便的交易模式,并采用开放式的结构以支持各种信用卡的交易,同时还在每一个交易环节中都加入了电子商务的安全性认证过程。在 SET 协议的交易环境中,比现实社会中多了一个电子商务的安全性认证中心 CA 参与其中,因为在遵从 SET 协议的交易中认证是很关键的。

SET 安全协议要达到的目标主要有以下几项:

①信息传输的安全性:信息在互联网上安全传输,保证不被外部或内部窃取。

②实现信息的相互隔离:订单信息和个人账号信息的隔离。

③多方认证的解决:对消费者的信用卡认证;对网上商店进行认证;对消费者、商店与银行之间的认证。

④效仿 EDI 贸易形式,要求软件遵循相同协议和报文格式,使不同厂家开发的软件具有兼容和互操作功能。

⑤交易的实时性:所有的支付过程都是在线的。

◇第二篇 行业篇◇

第五章　B2C 电子商务

第一节　B2C 电子商务的分类

目前我国 B2C 网站的主要类型有企业门户、自营性电子商务平台、第三方电子商务平台、拍卖网站、团购网站、虚拟社区、移动商务等。

一、企业门户

企业门户就是一个连接企业内部和外部的网站，它可以为企业提供一个单一的访问企业各种信息资源的人口，企业的员工、客户、合作伙伴和供应商等都可以通过这个门户获得个性化的信息和服务。

企业门户可以无缝地集成企业的内容、商务和社区。首先，通过企业门户，企业能够动态地发布企业内部和外部的各种信息；其次，企业门户可以完成网上的交易；此外，企业门户还可以支持网上的虚拟社区，网站的用户可以相互讨论和交换信息。

企业门户可以分成如下四类：品牌传播型企业门户，渠道与供应链电子商务型企业门户，终端销售电子商务型企业门户和客户服务型企业门户。

品牌传播型企业门户强调企业门户网站的创意设计，利用多媒体交互技术、动态网页技术配合广告设计，将企业品牌在互联网上发挥得淋漓尽致。此类型门户着重展示企业 CI，传播品牌文化，提高品牌知名度。对于产品品牌众多的企业，很多企业还单独建立各个品牌的独立网站，以便市场营销策略与网站宣传统一。

渠道与供应链电子商务型企业门户通过门户网站对企业的整个供应链过程提供远程、及时、准确的服务。这种类型的企业门户可实现渠道分销、终端客户销售、合作伙伴管理、网上采购、实时在线服务、物流管理、售后服务管理等，它将更进一步地优化企业现有的服务体系，实现公司对供应链的有效管理，加速企业的信息流、资金流、物流的运转效率，降低企业经营成本，为企业创造额外收益,降低企业经营成本。

终端销售电子商务型企业门户是指企业通过门户网站实现网上销售,交易的对象可以是企业,也可以是个人消费者。该类型企业门户有产品管理、订购管理、订单管理、产品推荐、支付管理、收费管理、发货管理、会员管理等基本系统功能。复杂的销售促进型企业门户还需要建立积分管理系统、VIP管理系统、客户服务交流管理系统、商品销售分析系统以及与内部进销存打交道的数据导入导出系统等。销售促进型企业门户可以为企业开辟新的销售渠道,扩大市场,同时还可以接触最直接的消费者,获得第一手的产品市场反馈,有利于市场决策。

客户服务型企业门户是企业面向新老客户、业界人士及全社会的窗口,是目前比较普遍的企业门户类型之一。该类企业门户主要是为客户提供各种服务,包括营销、技术支持、售后服务、社会公共关系处理等。客户服务型企业门户涵盖的内容多、信息量大、访问群体广,信息更新需要多个部门共同完成,有利于客户对企业的全面了解,获取更好的服务。

企业门户的利润来源主要在于企业在网上销售产品的利润,企业对外宣传取得品牌价值的提高,以及企业与合作伙伴、员工等通过网络便捷沟通而节约的成本等。

我国目前比较有名的企业门户类型B2C型电子商务网站主要有戴尔等。公司网站的主要栏目有:购买产品(主要完成公司相关产品的网上直销)、参与社区(主要完成公司对客户的服务以及客户对公司产品的反馈、建议和讨论等)、支持(公司直接在网站提供客户支持,节约公司的客户支持成本)、关于戴尔(对公司的细节介绍,是公司门户的主要内容)、我的账户(对公司的客户和供应商提供个性化的服务)。

二、自营性电子商务平台

自营性电子商务平台就是企业自己组建的电子商务销售网站,其规模各异,内容也相当丰富。它的主要功能在于展示企业的各种产品信息和促销信息,提供购物和支付功能,企业在线销售产品和服务,从而达到为企业盈利的目的。

自营性电子商务平台有两种,一种是单纯的电子商务企业,如京东商城、当当网等;一种是以实体店为背景的"鼠标+水泥"型的电子商务企业,如苏宁易购等。这两种自营性电子商务平台都需要依靠自身的广告和营销力量去提升网站的知名度,通过网站销售公司的相应产品而取得盈利。

近两年,自营性电子商务平台竞争激烈,大家纷纷打出价格战,抢夺国内电子商务市场。苏宁易购网站凭借其原本强大的实体连锁店,在电子商务平台上取得了很大的竞争优势,而其各种实惠的价格营销战略也取得了很好的成绩。在电器销售上,苏宁易购与京东商城、国美电器取得了网上销售的大部分市场。自营性电子商务平台发展到一定阶段后,部分平台有开放第三方企业入驻平台开展B2C商务活动的趋势。

三、第三方电子商务平台

第三方电子商务平台,也可以称为第三方电子商务企业,泛指独立于产品或服务的提供者和需求者通过网络服务平台,按照特定的交易与服务规范,为买卖双方提供服务。服务内容可包括但不限于供求信息发布与搜索、交易的确立、支付、物流。

1. 第三方电子商务平台的特点

(1)独立性。不是买家也不是卖家,而是作为交易的平台,像实体买卖中的交易市场。

(2)依托网络。第三方电子商务平台是随着电子商务的发展而出现的,和电子商务一样,它必须依托于网络才能发挥其作用。

(3)专业化。作为服务平台,第三方电子商务平台需要更加专业的技术,包括订单管理、支付安全、物流管理等,能够为买卖双方提供安全便捷的服务。

2. 第三方电子商务平台的主要收入来源

(1)会员费。企业通过第三方电子商务平台参与电子商务交易,必须注册为第三方电子商务平台网站的会员,每年要交纳一定的会员费才能享受网站提供的各种服务。目前,我国第三方电子商务平台大部分都以收纳保证金为主,主要是为顾客的利益提供更好的保障。

(2)广告费。网络广告是第三方电子商务平台的主要盈利来源,根据广告在首页的位置及广告类型来收费。天猫商城(www.tmall.com)有弹出广告、漂浮广告、Banner广告、文字广告等多种表现形式可供用户选择。

(3)竞价排名。企业为了促进产品的销售,都希望在第三方电子商务平台网站的信息搜索中将自己的排名靠前,而网站在确保信息准确的基础上,根据会员交费的不同对排名顺序做相应的调整。同时,还可以对关键字进行竞价,对于同一关键字,价格高者排在前面。

(4)增值服务。第三方电子商务平台通常除了为企业提供交易平台以外,还会提供一些独特的增值服务,包括橱窗位置购买、软件和服务的收费等。

目前，国内知名的第三方电子商务平台有天猫商城(www.tmall.com)、当当网(www.dangdang.com.cn)、亚马逊商城(www.amazon.cn)等。

四、拍卖网站

网上拍卖是以互联网为平台、以竞争价格为核心，建立生产者和消费者之间的交流与互动机制，共同确定价格和数量，从而达到均衡的一种市场经济过程。所谓网上拍卖(Auction Online)，是指通过 Internet 实施的价格谈判交易活动，即利用互联网在网站上公开发布将要招标的物品或者服务的信息，通过竞争投标的方式将它出售给出价最高或最低的投标者。

它通过 Internet 将过去少数人才能参与的贵族式的物品交换形式，变成每一位网民都可以加入其中的平民化交易方式。网上拍卖不仅是网络时代消费者定价原则的体现，更重要的是拍卖网站营造了一个供需有效集结的市场，成为消费者和生产商各取所需的场所，因此是一种典型的中介型电子商务形式。相对于传统拍卖，网上拍卖的特点在于每个商家都可以制定一套适合自己的拍卖规则，并且通过网上拍卖可以使定价达到更准确的水平，同时使参与拍卖的人的范围也大大拓展了。通过网络平台跨越了地域局限，虚拟集成了商家和消费者，大大降低了集体竞价的成本；网上拍卖可以由消费者出价，买方对价格的影响力大大增加；买卖各方在竞价过程中可自由交流；不必事先缴付保证金，凭借网站自建的信用评价系统，借助所有用户的监督力量来营造一个相对安全的交易环境，买卖双方都能找到可信赖的交易伙伴。

五、团购网站

团购(Group Purchase)就是团体购物，指认识或不认识的消费者联合起来，加大与商家的谈判能力，以求得最优价格的一种购物方式。根据薄利多销的原理，商家可以给出低于零售价格的团购折扣和单独购买得不到的优质服务。团购作为一种新兴的电子商务模式，通过消费者自行组团、专业团购网站、商家组织团购等形式，提升用户与商家的议价能力，并极大程度地获得商品让利，引起消费者及业内厂商甚至是资本市场的关注。

团购网站的电子商务模式一般为 B2C 模式，即企业和消费者之间的电子商务模式。目前的团购网站有如下三种形式。

(1)专业的 B2C 零售团购网站。这种网站直接联系商家，向客户销售产品或者服务。国内比较有名的有美团网等。

(2)专业的团购导购网站。这类网站收集各个地方各个团购网站的所有团购信息,便于客户进行集中搜索。国内有名的有百度团购等。

(3)商业网站中的团购模块。这类网站是在普通的 B2C 网站中建立团购模块,以吸引消费者进行购买。国内有名的有淘宝网上的聚划算、苏宁易购的团购、58 同城的团购等。

六、虚拟社区

最早的关于虚拟社区(Virtual Community)的定义由瑞格尔德(Rheingole)提出,他将其定义为"一群主要借由计算机网络彼此沟通的人们,彼此有某种程度的认识,分享某种程度的知识和信息,在很大程度上如同对待朋友般彼此关怀,从而所形成的团体。"

虚拟社区具有一定的地域、一定数量的公众、相应的组织、公众的参与和某些共同的意识与文化等共同的特质。虚拟社区是以论坛(BBS)为基础核心应用,包括公告栏、群组讨论在线聊天、交友、个人空间、无线增值服务等形式在内的网上互动平台,同一主题的网络社区集中了具有共同兴趣的访问者。狭义的虚拟社区主要是指论坛(BBS),广义的虚拟社区根据表现形式的不同,可以划分为论坛、博客、播客、即时通信、Wiki、SNS、微博、微信等形式。我国常见的论坛网站有天涯、百度贴吧、淘宝社区等;常见的博客网站有新浪博客、阿里巴巴商人博客、百度空间、博客网、QQ 空间等;常见的视频分享网站有优酷网、新浪播客、土豆网、酷 6 网等;常见的 SNS 网站有开心网、Facebook、人人网等;常见的微博网站有新浪微博、腾讯微博等。

虚拟社区的特征有四个:网站内容由用户原创产生,网站互动性强,社区的开放性以及社区的自组织性。

虚拟社区类型电子商务网站的主要利润来源:

1. 广告费

虚拟社区由于聚集着企业的目标顾客而得到企业的青睐,越来越多的企业开始将广告投向虚拟社区。据调查,目前虚拟社区的收入模式以广告最多,50.8% 的虚拟社区网站选择广告作为其盈利模式。虚拟社区的广告收入直接受社区点击流量的制约,流量越大,广告收入就越高。对于刚起步和不知名的虚拟社区,点击流量小,广告收入就非常有限。此外,虚拟社区的广告收入还受网民的特征影响,企业是否向虚拟社区投放广告取决于社区网民是否属于企业的目标顾客。因此,以广告费作为主要收入来源的盈利模式并非适合所有的虚拟社区。

2. 会员费

虚拟社区将注册会员分级，并收取不同的入会费。某交友社区将会员分为三级：免费会员、普通会员和 VIP 会员。对免费会员不收取费用，对普通会员按 5 元/月收费，对 VIP 会员按 15 元/月收费。社区对收费的注册会员提供交友信息服务，免费会员则不享受这一服务。网络音乐社区将会员分为普通会员、VIP 会员、黄金会员和钻石会员，实行收费制度。会员费主要针对某些服务需求强烈的网民，一般网民缺乏注册入会的动机。57.8% 的社区论坛 BBS 的累计注册会员数都在 1 000 以下。将会员费作为虚拟社区的盈利模式受很多条件的限制。在虚拟社区的发展初期，收取会员费会直接抑制社区成员规模的扩大。社区的生命力来自成员的活跃程度，即人气，聚集的成员越多，成员间互动越热烈，浏览社区和进入社区注册的网民就越多。只有当社区成员对社区产生强烈的服务需求和忠诚感时，收取会员费才比较合适。

3. 内容服务费

虚拟社区通过提供不同的内容服务对网民进行收费。定位为"文学爱好者的网络家园"的榕树下网站，就社区的某些功能向网民收费，如每个留言板为 50 元/年，社区首页文字推荐位（每个）为 20 元/月，社区默认模板"快捷链"价格（每个）为 30 元/月，内部邮箱为 240 元/年。QQ 社区为了使用户在社区中获得模拟现实的感受，通过发行虚拟货币 Q 币，提供网络人物形象、装束、场景和虚拟商品等，实行收费服务。游戏娱乐社区通过提供有偿的游戏服务内容向网民收费。以内容服务费作为盈利模式，取决于社区成员的忠诚度和所提供内容的价值。如果成员缺乏忠诚度，社区内容作为一种依托于网络的服务产品缺乏吸引力，该模式就不能给社区网站带来丰厚的收益。

4. 交易费

虚拟社区通过为网民发布和提供交易信息收取费用，或者向交易者收取佣金。易趣（eBay）社区按照卖主的物品价格收取物品登录费、底价设置费和交易服务费。交易费是交易社区的主要盈利模式。对非交易社区而言，以收取交易费作为盈利模式比较困难。一方面，这类社区的交易量不大；另一方面，社区自身缺乏有效的信任保障机制。据对社区网民的调查，66.5% 认为物品质量无法保证，64.4% 认为电子支付渠道不够安全，64.3% 认为不了解买家的信誉记录。

虚拟社区的盈利从根本上来自网民及网民带来的附加价值。网民是虚拟社区的主体，主体规模越大，社区价值就越大，盈利来源就越广泛。虽然网民规模逐年扩大，但网民的时间和精力却有限，他们一般都有选择性地加入虚拟社区。调查结果显示，社区网民经常使用的论坛数量以3个最多。虚拟社区之间必然存在吸引网民的激烈竞争。因此，虚拟社区在选择盈利模式时必须同时考虑发展策略。

七、移动商务

随着无线通信技术的快速发展，手持移动接入设备用户激增，无线技术与电子商务相结合的产物——"移动电子商务"发展势头良好，为电子商务注入了一股新鲜血液。

移动商务（M-Business 或 Mobile Business）是指通过无线通信来进行网上商务活动。移动商务是电子商务的一个分支，是通过移动通信网络进行数据传输，并且利用移动信息终端参与各种商业经营活动的一种新的电子商务模式。它是新技术条件与新市场环境下新的电子商务形态。与传统通过电脑（台式PC、笔记本电脑）平台开展的基于互联网的电子商务相比，移动电子商务增加了移动性和终端的多样性。无线系统允许用户访问移动网络覆盖范围内任何地方的服务，通过对话交谈和文本文件直接沟通。由于移动电话的广泛使用，小的手持设备将比个人计算机具有更广泛的用户基础，因此具有更为广阔的市场前景。用户至少可以从移动电子商务中享受到四个方面的好处。首先是方便。用户在需要时能够随时访问金融服务，因此能够在任何时间、任何地点进行电子商务交易和支付。其次是灵活。用户可以根据个人需要灵活地选择访问和支付方法。再次是安全。移动终端能够确保移动电子商务交易具有很高的安全性。最后是熟悉。用户可以使用他们非常熟悉的移动电话作为交易和支付工具，并且可以根据用户的爱好设置个性化的信息格式。

与传统电子商务相比，移动电子商务具有如下优势：

(1)不受时空限制的移动性。同传统的电子商务相比，移动电子商务的一个最大优势就是移动用户可随时随地获取所需的服务信息和娱乐。用户可以在自己方便的时候，使用智能电话或PDA查找、选择及购买商品和服务。虽然当前移动通信网的接入速率还比较低，费用也较固定网高，但随着下一代移动通信系统的推出及移动通信市场竞争日趋激烈，以上因素的影响将逐渐淡化。

(2)提供更好的私密性和个性化服务。首先，移动终端一般都属于个人使用，不会是公用的，移动商务使用的安全技术也比电子商务更先进，因此可以更好地保护用户的私人信息。其次，移动商务能更好地实现移动用户的个性化服务，移动计算环境能提供更多移动用户的动态信息（如各类位置信息、手机信息），这为个性化服务的提供创造了更好的条件。移动用户能更加灵活地根据自己的需求和喜好来定制服务及信息(如用户可以将自己所处的城市结合进去，调整商品递送的时间，实现自己的个性化服务需求)。发展与私人身份认证相结合的业务是移动商务一个很有前途的方向。

(3)信息的获取将更为及时。移动电子商务中移动用户可实现信息的随时随地访问本身就意味着信息获取的及时性。但需要强调的是，同传统的电子商务系统相比，用户终端更加具有专用性。从运营商的角度看，用户终端本身就可以作为用户身份的代表。因此，商务信息可以直接发送给用户终端，进一步增强了移动用户获取信息的及时性。

(4)基于位置的服务。移动通信网能获取和提供移动终端的位置信息，与位置相关的商务应用成为移动电子商务领域中的一个重要组成部分，如 GPS 卫星定位服务。

(5)支付更加方便快捷。在移动电子商务中，用户可以通过移动终端访问网站，从事商务活动，服务付费可通过多种方式进行，可直接转入银行、用户电话账单或者实时在专用预付账户上借记等，以满足不同需求。

近年来，移动终端的普及率增高，移动设备的使用量不断增长，移动互联网已经走进了人们的生活，并正在改变着人们的生活方式，越来越多的消费者开始尝试移动购物这种新的"淘宝"方式，移动电子商务的出现对传统电子商务来说，是电子商务市场在移动通信上的延伸和补充，具有非常广阔的发展前景。

电子商务移动化是必然趋势，移动电子商务降低了用户进入互联网的门槛，提供了随时随地的实时高效沟通，以及对位置精准的判断及服务。庞大的移动用户量、手机智能化的发展以及传统电子商务已经培养的用户的消费习惯等，使得移动电子商务作为新兴的商业运作模式具有不可估量的市场潜力。

第二节 B2C 后台管理和 B2C 网上购物流程

一、B2C 后台管理

B2C 后台管理是提供给商户管理商店的"进销存"功能模块，其中包括的功能有：商品管理、期初数据、采购管理、销售管理、库存管理、商店管理、客户管理、应收款明细、应付款明细、我的资料等。B2C 后台管理的整体流程如图 5-1 所示。

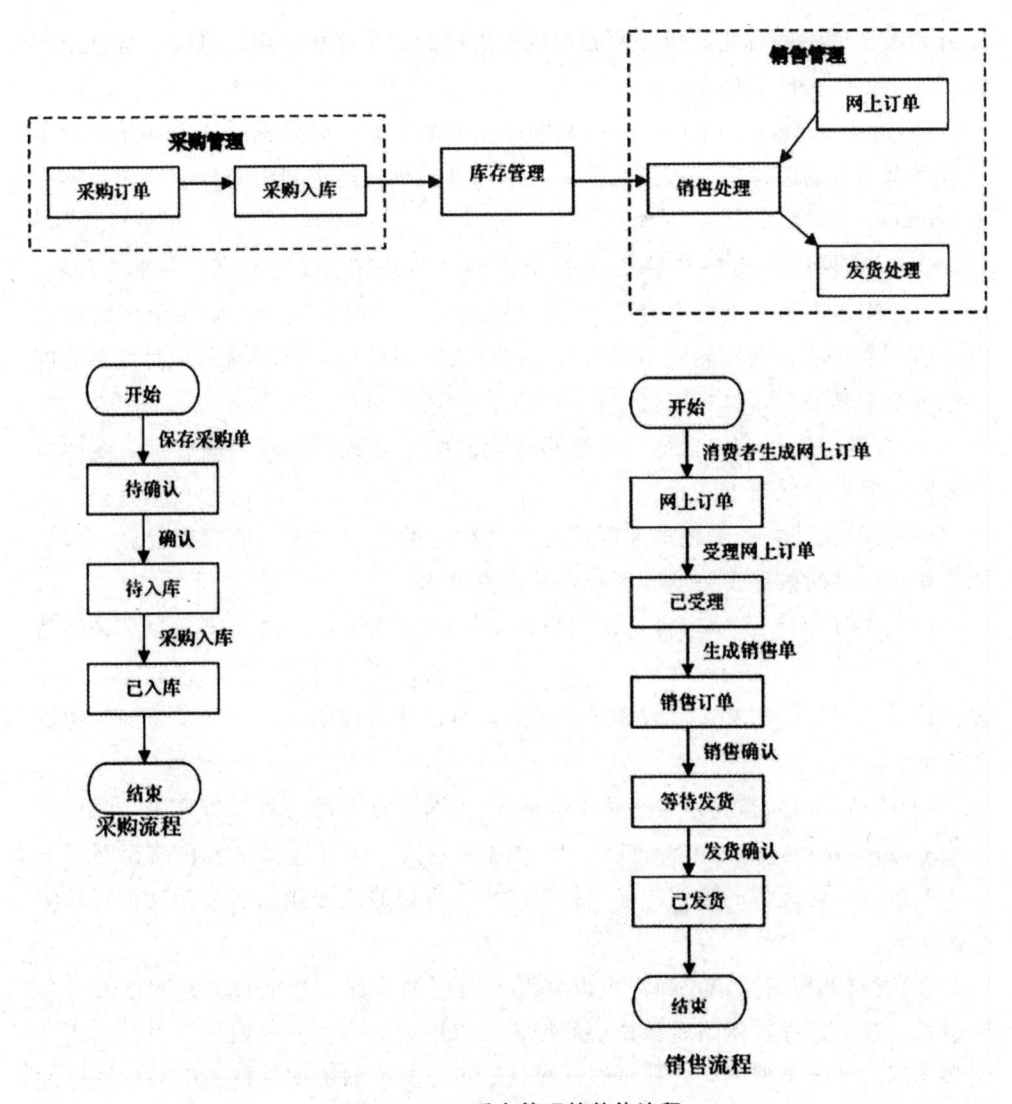

图 5-1　B2C 后台管理的整体流程

（一）商店管理

商户在 B2C 商店管理后台设置好网站的基础信息、Logo、Banner、模板样式来显示个人网上商店的个性页面，显示的内容还包括商品信息列表、文字广告和按钮广告。

（1）网店模板：系统提供给网站的三种模板，商户可以依据自己的风格所好选择网站的模板形式。

（2）网店 logo：在网站设计中，logo 的设计是不可缺少的一个重要环节。

· 115 ·

logo是一个网站的标志,也是网站特色和内涵的集中体现,用户可以将自己定制的图片上传作为网店的logo。

(3)网店banner:网店banner是网站顶部的横幅广告,banner对网站页面是否吸引浏览者的眼球有着重要的作用,用户可以将自己定制的图片上传作为网店的banner。

(4)发布网店:用户按照建店的流程一步步设置好(包括网店模板、logo、banner、配送说明、支付说明),就可将网站发布到前台显示。如果用户缺少了其中的一个步骤,则不能发布网站。可以修改网站信息,重新发布;对发布的网站也可取消其发布,这样它就不在前台商品列表中显示。

(5)配送说明:商户根据需要填写相应的配送方式,填写完成后,方便用户购买商品时查看配送方式。

(6)支付说明:商户根据实际情况填写相应的支付方式,填写完成后,方便用户购买商品时候能了解商家所规定的支付方式。

(7)文字广告:文字广告是让用户以文字形式介绍自己的商店和商品,网站提供了几种文字广告的前台显示位置,用户上传广告时可以根据自己的所好选择显示位置。对上传的文字广告如果不满意,可以修改或删除,重新发布网站使修改生效。

(8)按钮广告:按钮广告是从banner广告演变过来的一种广告形式,图形尺寸比banner要小。商户可将自己做好的图片上传,还可选择显示在前台网页上的不同位置。对上传的按钮广告如果不满意,可以修改或删除,重新发布网站使修改生效。

(9)发布到搜索引擎:商户可以将网上商店的名称、介绍和关键词搜索发布到搜索引擎,这样在网络营销模块的搜索引擎中就能查询到该网店的内容。此处发布的网站属于免费网站,搜索级别较低。可以对发布的网站搜索引擎信息修改重新发布。

(二)商品管理

商品管理是用于发布商品到前台购物网站,以及维护商品基本信息。

(1)登记新商品:用于添加新商品并发布到前台购物网站。操作流程如下:①点击"登记新商品",进入商品添加页面;②填写内容完毕后确认,新商品即时自动发布到B2C页面,完成新商品的添加。

(2)修改商品:用于修改已发布商品的基本信息,包括商品介绍和价格调整。操作流程如下:①在商品列表中选择要修改的商品,然后点击"修改商品";②在商品修改页面更新商品信息，然后点击"确认"，保存更新后的商品信息。

(3)删除商品：用于删除已发布的商品。操作流程如下：①在商品列表中选择要删除的商品；②然后，点击"删除商品"按钮，即可删除商品。

(三)期初商品

期初商品就是在商户第一次营业前，把当前商品的数量登记入库存，即初始化库存。期初商品的操作流程如下：①商品列表中输入商品数量，然后点击"保存"按钮，保存修改；②当所有商品的数量输入并保存后，点击"记账"按钮，系统将自动将商品的数量登记入库存中；③期初商品完成。

(四)采购管理

采购管理用于采购商品，并把采购的商品等级入库。采购管理的功能包括采购订单、采购入库、单据结算、单据查询等。采购流程如下：B2C商户在缺货的情况下，进行采购，先进入采购订单模块下订单，再对下的订单进行入库处理，然后对订单进行结算，完成整个采购流程。

(1)采购订单是B2C商户在库存不足时提交采购订单，购入充足的商品以保障B2C交易的正常进行。

(2)采购入库主要是对B2C商户采购的商品进行入库管理。①选择商品采购单，点击"明细"进入"采购订单"页面；②点击"结算"，然后点击"采购入库"便完成。

(3)单据结算是B2C商户对商品采购的单据进行结算。①选择产品采购单，点击"明细"进入"采购订单"页面；②点击"结算"后，完成此订单的结算。

(4)查询订单是B2C商户对采购订单的查询。①单据号查询，填入您所需要查询的单据号，点击"查询"；②供应商查询，填入您所要查询的供应商名称，点击"查询"；③单据日期查询，选择您所要查询的单据生成日期，点击"查询"。

(五)销售管理

此模块主要是B2C商户与B2C的采购者之间的交易单据，从B2C商户商店管理模块可以看到采购者购买商品所下的订单，并且对订单进行操作。商店管理主要由网上订单、销售订单、发货处理、单据查询等模块组成。

流程说明如下：B2C采购者前台购物下订单，B2C商户在网上订单模块接受订单，然后对订单状态为"待处理"的订单进行处理，确认后，订单变为销售单。B2C商户在银行中确认B2C采购者已经付款，在销售订单模块中进行"结算"确认。经过结算确认的订单就可以到发货处理中进行发货，完成与B2C采购者的交易。

（1）网上订单：B2C采购者购买的采购订单在该模块处理，从中可以知道采购者的采购情况及基本信息。当B2C商户货源不足情况下可以即时地对商品进行"生成采购单"，当"受理"此订单后，订单便进入"销售订单"中。①进入单据明细，如果库存不足则点击"生成采购单"进行采购补充库存；②页面进入"采购订单"；③如不接受则点击"作废"；④如接受该订单点击"受理"便生成销售订单。

（2）建议合并：当B2C采购者在商品采购中连续购买商品，该采购者下了两个或两个以上的订单，支付模式和配送模式选择一样的订单并且每个单据的交易状态都属于未发货，作为商品或者网店的管理者可以通过后台管理将这些订单合并成一个订单，节约管理成本。①商店管理员在建议合并中查看符合订单合并条件的订单，选择合适条件的订单，点击"建议合并"给采购者发送订单合并建议；②采购者在B2C首页订单查询中反馈订单合并意见；③如果采购者同意，商店管理员在订单合并中对采购者同意的合并订单进行确认，形成一个订单，同时旧的订单被删除。

（3）销售订单：B2C商户对B2C采购者的采购订单进行"结算"及"确认"。①选择订单后，点击"明细"进入结算页面；②点击"结算"后完成对订单的结算；③再次进入此单据明细，点击"确定"后，交易才算完成，订单转入"发货处理"。

（4）发货处理：是对已"确认"的"销售订单"进行发货处理。①选择订单，点击"明细"进入发货处理页面；②点击"确认发货"完成与B2C采购者的交易。

（5）单据查询：是对B2C商户与采购者之间的各种状态的订单进行查询。①选择订单，点击"明细"进入单据的信息页面；②点击"确定"或"返回"便完成对订单的查看；③"销售单号"查询，把销售单号填入括号内，然后点击"查询"便可以；④"客户名称"查询，把客户名称填入括号内，然后点击"查询"便可以；⑤"单据日期"查询，把单据生成日期填入括号内，然后点击"查询"便可以。

（六）库存管理

此模块是B2C商户对仓库中的商品进行管理，主要由库存查询、预警设置、缺货查询、溢货查询等模块组成。

（1）库存查询：主要是对仓库的商品库存进行查询。①选择商品名称，点击"商品明细"进入商品明细页面；②"商品分类"查询，选择商品的类别，点击"查询"便完成查询；③"商品名称"查询，填入商品的名称，点击"查询"便完成查询。

（2）预警设置：是对仓库商品库存量的上限及下限作预警设置，从而可以对仓库的商品管理做到自动库存管理。①选择要设置的商品，点击"预警设置"，进入设置页面；②在此设置库存的上限及下限；③点击"确定"后完成对商品的预警设置。

(3)缺货查询：对已缺商品进行查询。①"商品分类"查询，选择商品的类别，点击"查询"便完成查询；②"商品名称"查询，填入商品的名称，点击"查询"便完成查询。

(4)溢货查询：对已高出饱和的商品进行查询。①选择商品名称，点击"商品明细"进入商品明细页面；②"商品分类"查询，选择商品的类别，点击"查询"便完成查询；③"商品名称"查询，填入商品的名称，点击"查询"便完成查询。

(5)盘点录入：是对现有库存商品进行数量的清点，主要是实际商品库存数量与账面数量的核对工作。①点击"盘点录入"，进入盘点录入页面；②输入仓库商品实际盘点的数量、盘点人，选择盘点日期(提示：盘点日期不能大于当前日期)，点击"生成盘点表"；③检查输入的商品实盘数，点击"调整库存"，则完成盘点录入操作，此时库存数量调整为盘点数。

(6)盘点查询：是对盘点记录的查询。用户选择不同的时间查询盘点记录，也可以选择具体的盘点记录查询明细。

(7)应付款明细：主要是针对 B2C 的采购者下的订单进行收款管理，从中可以对未发货的订单进行发货。

(8)应收款明细：主要是 B2C 商户在采购库存商品时的付款明细。

（七）客户管理

该模块可以看到客户(B2C 的采购者)的基本信息明细，并且 B2C 商户也可以查看与客户的交易历史情况。

(1)客户明细：选择要查看的客户明细，点击"客户明细"按钮就可以查到本商户的购物者的信息。

(2)查看交易历史：选择要查看的客户，点击"查看交易历史"按钮，可以查看该采购者的交易情况。

（八）商店管理

B2C 商户对自己本商店的管理，主要由公司简介、配送说明、支付说明、售后服务等模块组成。

(1)公司简介：在该模块可以编写对本公司的简介。①点击进入后，可对公司简介进行修改；②修改完毕后，点击"修改"便完成对简介内容的修改。

(2)配送说明：说明各种配送的方法。①点击进入后，对各送货方式、费用、时间、说明均可进行修改；②修改完毕后，点击"提交设置"便完成对配送说明的修改。

(3) 支付说明：说明各种支付的方法。①点击进入后，对"发送给客户的信息"均可以修改；②修改完成后，点击"修改"便完成对支付说明的修改。

(4) 售后服务：说明本公司的售后服务宗旨。①点击进入后，对"售后服务说明"进行修改；②修改完成后，点击"修改"便完成。

二、B2C 网上购物流程

消费者到网上商店购物的过程与实体店类似，一般流程如图 5-2 所示。

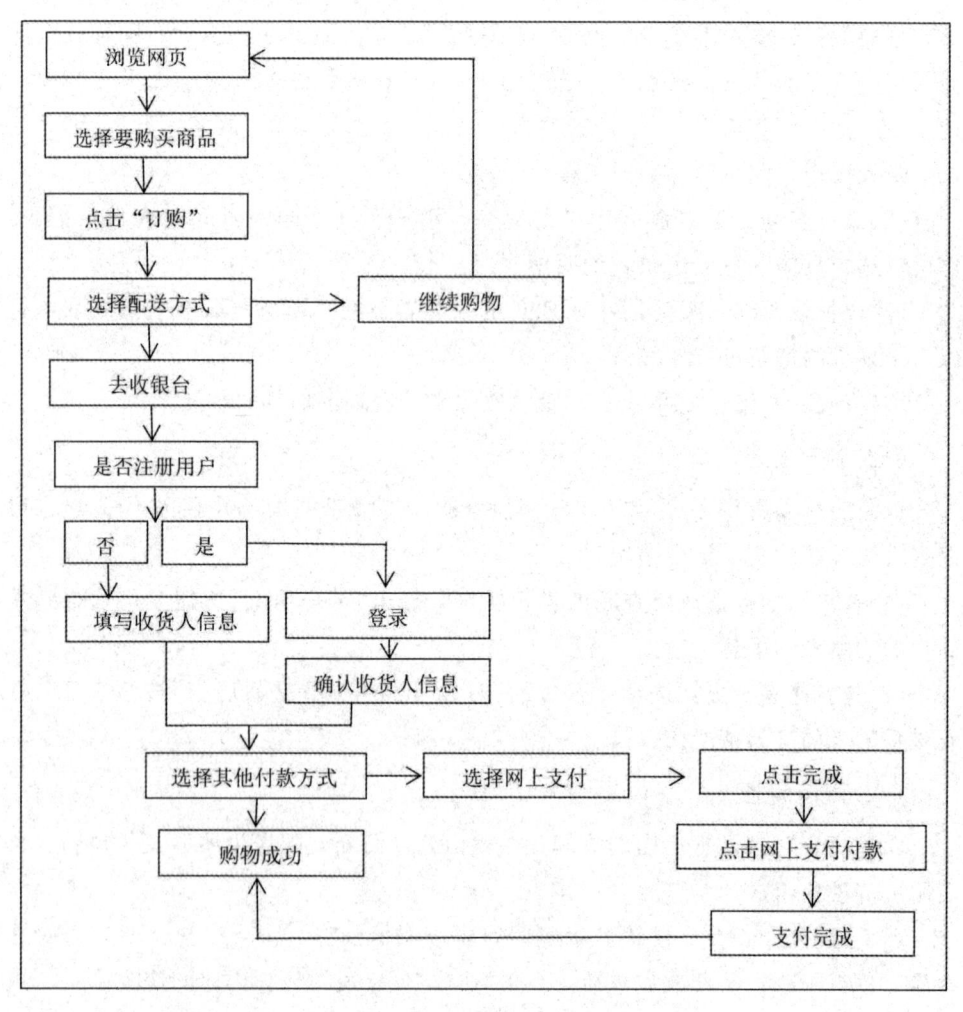

图 5-2 消费者网上购物流程

（一）浏览商品

网络消费者通过网上商店提供的多种搜索方式，如产品组合、关键字、产品分类、产品品牌查询等商店经营的商品进行查询和浏览。

（二）选购商品

网络消费者按喜欢或习惯的搜索方式找到所需的商品后，可以浏览该商品的使用性能、市场参考价格等商品简介，以及本人在该商店的购物积分等各项信息。然后在查询到想要购买的商品编号和品名的购物条中输入所需的数量，并单击"订购"按钮，即可将商品放入购物车。此时购物者可在产品购买/购物车中看到自己选购的产品。在确定采购之前，消费者可在购物车中查看、修改选购的商品。

（三）用户注册

网络消费者在第一次访问网上商店进行选购时，先要在该网上商店注册姓名、地址、电话、电子邮件等必要的用户信息，以便在网上商店进行相关的操作。

（四）支付货款

支付货款有多重形式。除网上支付、移动支付之外，货到付款也是众多网上购物者常用的付款方式之一，特别是在自营配送或第三方配送的 B2C 交易中，客户在收到货物及发票后将钱款直接交给配送人员，并由配送人员带回客户的意见。

（五）配送货物

网上购物者在确定需购买的商品后，可选择货物配送方式。当商店在确定了用户所订购的商品后，可以根据客户的要求在用户希望的时间内将商品邮寄或送货上门。

（六）购物后评价

网上消费者收货后，对所购买的商品进行检查，并对商品质量及购物过程进行评价。

第三节　B2C 网站的主要赢利模式

通常我国 B2C 网站所实现的营业收入大多数是企业在参与价值链过程中自身创造的。主要盈利模式为以下几种。

一、产品销售营业收入模式

以产品交易作为收入主要来源是多数 B2C 网站采用的模式。这种 B2C 网站又可细分为两种：销售平台式网站和自主销售式网站。

（一）销售平台式网站

网站并不直接销售产品，而是为商家提供 B2C 的平台服务，通过收取虚拟店铺出租费、交易手续费、加盟费等来实现盈利，典型代表有天猫商城。

（二）自主销售式网站

自主销售式需要网站直接销售产品。与销售平台相比，运营成本较高，需要自行开拓产品供应渠道，并构建一个完整的仓储和物流配送体系或者发展第三方物流加盟商，将物流服务外包，典型代表有京东商城。

二、网络广告收益模式

网络广告收益模式是 Internet 经济中比较普遍的模式，B2C 网站通过免费向顾客提供产品或服务吸引足够的"注意力"，从而吸引广告主投入广告，通过广告盈利。相对于传统媒体来说，广告主在网络上投放的广告具有独特的优势：一方面，网络广告投放的效率较高，一般是按照广告点击的次数收费；另一方面，B2C 网站可以充分利用网站自身提供的产品或服务不同来分类消费群体，对广告主的吸引力也很大。

三、收费会员制收益模式

B2C 网站对会员提供便捷的在线加盟注册程序、实时的用户购买行为跟踪记录、准确的在线销售统计资料查询及完善的信息保障等。收费会员是网站的主体会员，会员数量在一定程度上决定了网站通过会员最终获得的收益。网站收益量大小主要取决于自身推广能力。例如，网站可以适时地举办一些优惠活动并给予收费会员更优惠的价格，与免费会员形成差异，以吸引更多的长期顾客。

四、网站的间接收益模式

除了能够将自身创造的价值变为现实的利润，企业还可以通过价值链的其他环节实现盈利。

（一）网上支付收益模式

当 B2C 网上支付拥有足够的用户，就可以开始考虑通过其他模式来获取收入的问题。以天猫、淘宝为例，有近90％的用户通过支付宝支付，带给天猫、淘宝巨大的利润空间。他们不仅可以通过支付宝收取一定的交易服务费用，而且可以充分利用用户存款和支付时间差产生的巨额资金进行其他投资盈利。

(二) 网站物流收益模式

我国B2C电子商务的交易规模已经达到数百亿元，由此产生的物流市场也很庞大。将物流纳为自身的服务和网站的服务，网站不仅能够占有物流的利润，还使得用户创造的价值得到增值。不过，物流行业与Internet信息服务有很大的差异，B2C网站将物流纳为自身服务的成本非常高，需要建立配送系统，而这需要有强大的资金做后盾，大多数网站很难做到。

五、其他盈利模式

(一) 销售衍生品

销售与本行业相关的产品。

(二) 产品租赁

提供租赁服务，如太阳玩具开展玩具租赁服务。

(三) 拍卖

拍卖产品收取中间费用，如汉唐收藏网为用户提供收藏业务。

(四) 特许加盟

利用此模式，一方面可以迅速扩大规模，另一方面可以收取加盟费。如当当网、E康在线等。

(五) 咨询服务

为业内厂商提供咨询服务，收取服务费，如中国药网等。

第四节　B2C电子商务成功的关键因素

一、确定有价值的企业战略定位

开展B2C电子商务究竟能为企业经营带来多少价值，这直接关系到企业的经营战略定位，是企业开展B2C电子商务时首先必须考虑的问题。

不同的企业都有各自的经营特色，尤其是那些开展B2C电子商务的传统商业零售企业，在经营管理、营销渠道、物流配送、人力资源等方面具有明显的优势。但是从战略管理的角度看，要实现传统业务与在线业务的有机结合，企业必须在上述方面以及技术开发、经营创新等许多方面进行研究，确定其相对于".com 企业"的竞争优势来源，以制定有效的经营策略，使其能通过开展 B2C 电子商务获得更多的商业价值。

二、选择适合网上销售的商品

（一）书籍

最早在网络上销售的东西应该是书籍。美国的电子商务网站——亚马逊就是以卖书起家的。网上卖书最普通的做法就是把书的封面、作者、出版社以及价格等信息放到上面，经营好的网站还会把简介也放上去。

（二）软件

在国外，软件销售是属于一手交钱一手交货的交易。连接到某个软件公司的主页，选定某个产品后，输入信用卡账号，立刻付款，然后立即下载该软件以及相应的解密码，几分钟就拿到了想要的商品，一切操作都是在网上进行的。在国内，随着网上支付技术的发展，在线销售软件的站点必将增多。

（三）电脑整机和配件

在网络上卖计算机可以减少库存，减少中间价格盘剥，直接为客户度身定做，成本可以做得比其他在商店销售的电脑低。而上网的人多多少少对电脑都有一定的了解，在网上销售电脑配件，第一时间接触到最终用户，对于数量不少的 DIY（电脑组装机爱好者）来说，在网上往往能提早买到还未能在本地市场上卖的配件。

（四）特色礼品

逢年过节，探亲访友，送上一些有地方特色的礼品总能让亲友感受到关怀和爱意。特色礼品如工艺品、土特产、小玩意儿等地方代表性很强的东西，很难在多个不同的城市销售，而网络却轻而易举地实现了这一点。销售特色礼品，商品的照片和文字介绍以及典故等是非常重要的，在具备了这些要素以后，网上特色礼品店迎来的将是五湖四海的顾客，而这些人或许这辈子都不会从现实商店门口经过。

（五）增值信息

现在 E-mail 地址变得有价值起来。电子信箱开始经常收到一些产品的信息、站点的信息甚至垃圾，那是因为这个电子信箱已经被卖掉了。电子邮件列表、网上调查分析报告、行情展望等，一切利用脑力变成比特在网络上流动的东西都将可以在网络上销售，而产品的配送甚至不用任何费用，因为一般通过电子邮件就足够了。

（六）百货日杂

油盐柴米酱醋这些生活必需品已经是人们非常熟悉的商品，只要认定某种品牌和规格，就没有必要亲自再到商店挑选。所以目前有不少的小区百货店一个电话就可以送货上门，货到收款。同样，这样的商品在一个立足服务区域城市的电子商务站点上也是非常适合的。

（七）家用电器

一般家用电器销售店都有自己专门的配送队伍。而买家在买这些电器时价格的比较是必不可免的，因此常常会为了一个电饭煲跑遍半个城市。而如果把这些商品直接在网上销售，配合厂家的售后服务保证说明，则有价格优势的商家立即可以尝到甜头，而顾客也不必"跑断腿"了。

三、制定合理有效的交易价格和管理模式

在买方市场条件下，网上销售产品的价格也是由供求关系即市场决定的。但是与前者相比，网上市场的定价机制发生了变化。在网络环境下，顾客在市场供求关系中，由过去的被动选择地位提升到主动选择地位，消费者的需求引导着企业的生产，顾客主导定价也成为网上销售的基本定价机制，这是企业在制定网上销售产品的价格时需充分考虑的因素。

在具体的实施过程中，许多传统营销的价格策略在网络环境中被广泛应用，如声誉定价、品牌定价、竞争定价、差异化定价以及特殊产品的特价策略等；另外也有一些传统的价格策略在网络市场中得到了创新，如低价策略、竞价策略、定制定价、免费价格策略等。

四、协调网络和传统营销渠道的关系

在 Internet 出现之前，生产企业、供应商和市场中介机构已经建立起各种面向广大消费者的渠道协作关系。B2C 电子商务的兴起，意味着市场渠道的延伸和拓展，有可能对原有的渠道关系造成冲击，因此需要企业对此进行有效的协调。

在有些场合，网络渠道可与原有渠道相互促进、取长补短，带来更大的收

益。但在另一些场合，网络渠道却可能与原有渠道发生冲突。因此，B2C 电子商务的开展，要求企业认真权衡市场渠道变更与进行协调所产生的成本和收益，进而做出正确的抉择。

五、强化信息化的促销与沟通手段

Internet 使企业能够以较低的成本向日益扩大的潜在市场发布丰富的营销信息，开展 B2C 电子商务的企业可通过互联网吸引消费者的注意力，营造独特的购物、娱乐空间，树立和提升企业的声誉与知名度。

随着大批 B2C 网站上具有社会功能和文化意义的网络社区的建立，相同的兴趣、目的、交流以及互惠互利，将企业、合作伙伴与消费者聚集在一起进行有效的沟通，通过对他们之间信息交流的分析，发现改进企业经营的具体途径，捕捉到采用传统方式难以发现的市场需求。

广告被认为是消费品市场中行之有效的促销方式，因此借助网络广告推广 B2C 网站及其所销售的产品是 B2C 电子商务中的重要环节。

六、提供个性化服务，加强客户关系管理，提高顾客满意度

B2C 电子商务与其他模式电子商务的不同之处在于，其提供的是有特色的、有效的、充满魅力的服务，B2C 网站需要注重与顾客建立良好的关系，体现"以人为本"的时代精神。

B2C 企业不仅要将送货、退货、安装、预订、协助购买等服务做得让顾客满意，更重要的是要确保网上购物、消费的安全。B2C 网站应具有完善的信息交互功能，让顾客在网上消费中获得乐趣。

客户关系管理是电子商务整体战略的一个重要组成部分，它的目的是通过网络和计算机技术的应用，使客户关系回报（Return on Customer Relationship, ROCP）最大化，使企业和客户共同得益。

七、逐步提高供应链管理的能力

目前，我国流通领域的市场集中度还比较低，中间环节繁多，企业经营流程长而且复杂，在很大程度上阻碍了零售业的发展壮大。

通过供应链管理，优化零售企业内部计划、采购、销售和存储等各个环节，将与企业业务有关的所有市场参与者（如供应商、经销商、物流运输商、往来银行以及最终消费者）通过网络有机地整合在一起，以提高业务运作效率，降低经

营成本，必将有助于企业竞争力的提高。所以，在新形势下，零售企业之间的竞争在某种意义上已演化为供应链管理的竞争。

电子商务是促进供应链管理的重要手段，它的实施可以更好地使业务伙伴之间做到信息共享和资源的共同开发利用，以提高企业对市场的反应速度和对客户需求的满足程度。

八、充分发挥连锁经营和电子商务的整合优势

目前，我国零售行业的平均利润率已降到了历史最低点，十分不利于零售企业的进一步发展，也不利于与国际零售商的竞争。要改变这种状况，必须进行经营理念创新，树立零售企业之间"竞争合作求发展"的新思路。

零售业是规模效应十分明显的行业，连锁经营是零售企业发展壮大的必由之路。因此，在零售行业要加强不同企业之间的联合、兼并，形成跨地区的连锁经营企业，并通过电子商务加强企业内部的经营管理，提高经营管理水平。因此，也可以说，连锁经营和电子商务是今后零售业发展的两个基本趋势，充分发挥两者的整合优势将会大大提升零售企业的竞争实力。

九、充分利用信息技术，提高企业经营管理水平

我国零售企业长期以来一直被看成劳动密集型企业，忽视了信息技术的应用和经营管理水平的提高，导致企业的竞争力低下。

电子商务的发展也会促使企业充分利用信息技术，提高经营管理水平，以增强企业的竞争力。信息技术在企业经营管理活动中的应用水平在很大程度上反映了这个企业的市场适应能力和竞争实力。

第六章　跨境电商

第一节　"互联网+"背景下跨境电子商务现状与发展趋势

虽然我国跨境电子商务发展相对较晚，但发展速度却非常快，其发展规模和所取得的成就令世界瞩目，下面就发展情况进行简要的分析和介绍。

一、我国跨境电子商务的交易形式

按进出境货物流向划分，分为跨境电子商务出口和跨境电子商务进口。其中，跨境电子商务出口模式还可细化为外贸企业与企业之间的电子商务交易，即B2B；外贸企业对个人零售电子商务，即B2C；以及外贸个人对个人网络零售业务，即C2C。B2B和B2C在跨境电子商务出口总额中占主要地位，进口模式主要有外贸B2C和海外代购模式这两种。按运营模式划分，可分为跨境B2B贸易服务和跨境网络零售两种类型。

二、我国跨境电子商务的发展现状

受国内外贸易环境的影响，我国传统外贸发展速度明显放缓，而跨境电子商务却保持高水平增长速度。中小企业及个体商户占新增电子商务经营主体的大部分超过90%，跨境电子商务展现出它巨大的发展潜力，未来有望成为推动我国外贸发展的主要力量。分析其动因主要有以下三个方面：第一，互联网、电子支付、智能移动等技术的发展，为跨境电子商务提供了技术支撑；第二，国际经济持续低迷、欧美债务危机以及需求的多样化等影响，外贸订单逐渐"短、小、快"的趋势，"外贸碎片化"带动了一大批国内中小微外贸企业的发展，跨境电子商务成为其开拓海外市场的便捷渠道；第三，随着国内经济的快速发展，国人对生活品质越来越注重，庞大的中产阶级消费群体对海外奢侈品、高品质的食品、农产品等有着强大的进口需求，跨境网购是其满足消费者需求最便捷的一种方式。

据研究机构的监测数据显示，2017年中国电子商务市场整体交易规模为28.66万亿元，同比增长24.77%。其中，跨境电子商务交易规模为8.06万亿元，但相较于中国整体进出口贸易市场规模，跨境电商占比还是处于较低水平，占比不足20%。业内普遍认为中国跨境电商交易规模将持续高速发展，电子商务在中国进出口贸易中的比重将会越来越大。

(一)B2B占比依旧最大

从市场格局看，外贸B2B在我国跨境电子商务中占主导地位。从2017年上半年中国跨境电商的交易模式看，跨境电商B2B交易占比达到87.4%，跨境电商B2B交易占据绝对优势。外贸B2B企业主要依托阿里巴巴、环球资源中国制造网、敦煌网等电商平台进行信息展示，电商平台帮助企业进行在线匹配和整合。据不完全统计，2016年年底，我国电商平台企业已超过5 000家，境内通过各类平台开展跨境电子商务的外贸企业已超过20万家，这些企业占据了我国跨境电子商务较大的市场份额。其中，阿里巴巴跨境电子商务平台在国内外市场的知名度最高。电商行业数据分析：中国跨境电商交易规模增长迅速，预计在2020年达到12.7万亿元。艾媒咨询分析师认为，随着物流便捷化、信息方便化，国家政策支持拉动内需发展，跨境电商发展空间巨大，将成为电商领域快速发展的市场(图6-1)。

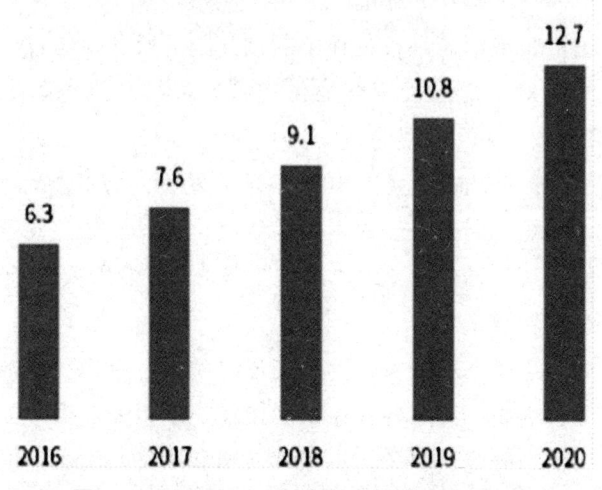

2016—2020年中国跨境电商交易规模及预测（万亿元）

年份	交易规模
2016	6.3
2017	7.6
2018	9.1
2019	10.8
2020	12.7

图6-1 2016—2020年中国跨境电商交易规模

(二)跨境网络零售增势迅猛

跨境网络零售模式可细分为两类，一类是电商企业建立独立的外贸B2C网站,如兰亭集势、易宝(DX)、唯品会等;另一类是电商企业入驻第三方外贸交易服务平台,在全球速卖通、敦煌网、易贝、亚马逊(Amazon)等平台上销售商品。外贸 C2C 则主要是个人在 eBay 等平台上开设网店。中国企业出口商品主要是服装、饰品、小家电、数码产品等日用消费品,规模较大且增速较快。跨境网络零售以个人为服务对象,呈现出小金额、多批次、高频率的交易特征。

值得注意的是,亚马逊和新蛋网,作为两个总部同样位于美国,而且在中国拥有广泛消费者根基的电子商务网站,都适时推出了针对中国市场的跨境电商服务。由于"中国制造"物美价廉,具有广阔的市场,所以,亚马逊的"全球开店"服务和新蛋网的开放平台,都吸引了中国数百万的中小企业商家进行注册,这也拓宽了跨境网络零售的范围。

(三)跨境电商物流服务不断推陈出新

一方面,在跨境电子商务的带动下,近年来我国跨境包裹数量持续快速增长。据海关统计,2012 年,我国海关监管的邮件快件总量 3.5 亿件,同比增长 23.4%。跨境快件中 70%~80%通过电子商务的方式实现。联邦快递(FedEx)、联合包裹(UPS)、敦豪速递(DHL)、天地快运(TNT)等国际物流快递公司是跨境包裹的主要承运商。除快递公司外,还有马士基等国际海运公司及国内海运公司可供选择。中国邮政积极开展跨境物流快递业务,为中国的跨境卖家量身定制了全新国际邮递产品——国际 e 邮宝。

另一方面,国内跨境电商平台正在不断创新物流服务,通过建立全球化的仓储管理、独立化的运输配送以及配套的供应管理,尽可能地解决以往物流周期长、投妥率低等问题。以敦煌网为例,2013 年上半年,该公司推出了"在线发货"这一全新的物流服务,通过线上申请、线下发货的方式,简化了发货流程,降低了物流成本,缩短了周期,全程可跟踪货物信息,为外贸商家提供了更为便捷的快递服务。顺丰速运已经上线的"海购丰运",则借助类似模式提供物流服务,顺利抢占了海淘转运市场。

鉴于跨境电商的快速发展势头,邮政速递、顺丰、申通、中通、韵达等均在许多城市设立了分拨中心,利用各自在国际快递、航运、海运等方面的优势,为跨境电商企业提供便利的配送服务,主销俄罗斯和北美、南美、欧盟等国家和地区,成为我国"一带一路"倡议的跨境电商新起点。

(四)跨境电商移动化

移动互联网时代的到来,使得跨境电商移动化成为必然的发展趋势。相关调查显示：接近70%的B2B公司认为应及早实施B2B移动电商战略，31%的B2B公司正在开发移动端应用。从2010年开始，敦煌网上线第一个移动App和WAP平台。2013年上半年，敦煌网移动平台的流量达到了全网1/3，交易量是去年上半年的2.3倍，WAP平台的交易量是去年上半年的6倍。上半年移动平台注册用户在全平台的再次购买率与去年相比提升了23%，交易量提升了3倍。如今，几乎所有的电商平台都倾力打造着属于自己的移动App，跨境电子商务移动端交易将成为主流。

（五）跨境支付工具不断完善

2013年年初，外汇管理局下发《支付机构跨境电子商务外汇支付业务试点指导意见》后，支付宝、银联电子支付、通联、汇付天下快钱、钱宝科技、东方电子支付等17家第三方支付机构相继收到了进行跨境电子商务外汇支付业务试点的通知，我国支付机构的跨境电商外汇支付业务正式开始了破冰之旅，这一改变将会对跨境电子商务、货物进出口贸易和个人涉外消费产生深远的影响。

目前，在我国跨境电子商务领域，银行转账、信用卡、第三方支付等多种支付方式并存。跨境电子商务B2B目前主要以传统线下模式完成交易，支付方式主要是信用卡、银行转账等。跨境电子商务B2C主要使用线上支付方式完成交易，第三方支付工具得到了广泛应用。其中使用最广泛的跨境交易在线支付工具是美国的第三方支付系统贝宝（PayPal），它被认为是国内外贸从业者的必备支付工具。同时，我国本土一批优秀的第三方支付企业近年来逐步发展壮大，第三方支付的前三强支付宝、财付通和银联电子支付占据了国内市场份额的78.5%。这些第三方支付企业已陆续进军跨境支付领域。

（六）跨境电商出口比例远超进口

从跨境电商进出口结构分布情况来看，2016年超过82%的交易规模由出口电商贸易贡献，进口电商比重较低。但随着中国跨境网购市场的开放、跨境网购基础环境的完善以及消费者跨境网购习惯的养成，未来进口电商比重将逐步扩大。

艾瑞咨询认为，制约中国进口电商发展的因素除了政策法律环境和消费者习惯外，主要涉及跨境物流关税、支付安全、诚信体系以及售后保障等基础环节。而随着中国跨境贸易电子商务服务试点城市规划的落地实施，将逐步积累起相应的基础数据与经验，有助于推动中国跨境贸易市场的进一步放量。

另据全球领先的在线支付平台PayPal发布的首份全球跨境电子商务报告显

示,美国市场的跨境消费者是"中国制造"的主力购买群体。2013年有3 410万美国消费者跨境网购中国商品,价值达到497亿元人民币;预计到2018年,美国消费者跨境网购中国商品的年需求总额将增至981亿元人民币,仍占全球第一位。英国和澳大利亚则以消费74亿元人民币和52亿元人民币分列二、三位。届时,全球五大跨境电子商务目标市场——美国、英国、德国、澳大利亚和巴西对中国商品的网购需求将突破1440亿元人民币。此外,对中国在线出口商品需求增长最为迅速的是巴西。预计2013—2018年,巴西消费者从中国跨境网购商品的价值总额将从目前的18亿元人民币升至114亿元人民币,增幅近7倍。而据最新的数据显示,来自巴西的流量已经超过俄罗斯,成为速卖通国家流量首位,占到总流量的16.1%。

三、当前我国跨境电子商务面临的困境

虽然当前我国跨境电子商务发展迅速,但不足之处也严重制约着跨境电子商务的健康发展,主要集中在以下几个方面。

(一)通关服务差

跨境B2B贸易通常采用传统方式报关,其烦琐的通关手续使跨境电子商务的时效性优势大打折扣。同时跨境网络零售所具有的交易品种多、频次高的特点,也严重依赖于航空小包邮寄和快递。相关政府部门为了规范管理境外代购活动,规定所有境外快递企业使用EMS。清关派送的包裹必须按照贸易货物通关,直接引发传统贸易通关方式与现代跨境网络零售特点不相适应的矛盾。更有部分电商企业尚无进出口经营权,开展跨境网络零售贸易活动时没有报关单,无法进行相关的结汇、退税等操作。除了通关退税、结汇方面等,售后退换货也是困扰跨境电商的一大难题。电子商务的特点决定了退换货比例较高,在欧美的一些零售业服务水平较高的国家普遍实行无条件退换货。因此,跨境电子商务的退换货率也一直呈增长趋势,但是由于涉及跨境通关和物流,退换货很难有一个顺畅的通道返回国内。而且,这些返修和退回的商品由于在当前通常被当作进口商品,还需另缴进口关税,使得我国电商企业的负担过重。

(二)市场监管体系不完善

相比跨境电子商务的迅猛发展,相关市场监管体系的建设明显滞后,甚至呈现空白状态。我国只有《互联网信息服务管理办法》等少数法律法规在条文中有所涉及,对跨境电子商务核心的交易、税收和消费者权益保障等内容都缺乏必要且

合理的标准规范。市场监管体系的过于薄弱，给了虚假宣传和假冒伪劣商品可乘之机，非法交易甚至欺诈行为时有发生。在缺乏相应知识产权法律法规来约束的环境下，侵犯知识产权的行为更是得不到遏制，海外消费者投诉率也越来越高。据电子商务平台 eBay 所作的相关统计显示，中国卖家在 eBay 完成的跨国交易中，平均每 100 笔有 5.8 个投诉，是全球平均水平（2.5 个）的两倍之多。部分国外电子商务平台为维护交易秩序，不得不针对中国卖家制定一些更严格的规定、更高的佣金或者更严厉的处罚措施。这严重影响我国外贸电商的集体形象，不利于营造一个有利于开展跨境电子商务贸易活动的国际环境。

（三）结汇方式不合理

电商企业开展跨境电子商务时通常采用以下几种结汇方式：①开设多个个人账户。部分外贸电商的月营业额有数十万美元，为避开外汇兑换额度的限制，通过开设多个账户来变相提高外汇结算总额度。②通过地下外汇中介处理外汇问题。③利用我国少数地区对结汇额度不设限的特殊外汇政策来结汇。针对当前外贸电商在结汇方面越来越多的不规范和不便利之处，相关管理部门有必要及时采取措施进行完善和改进。

四、我国跨境电子商务的发展趋势

跨境电子商务暴露出来的问题已经严重影响跨境电子商务经营活动的正常开展，同时制约着它发展的步伐。针对当前存在的这些问题，相关部门和广大电商企业采取了有针对性的措施，从中我们可以预测出我国跨境电子商务未来的一些发展趋势。

（一）相关服务支撑体系将会得到优化

首先，由海关总署牵头构建起跨境电商企业的认定机制，以便更及时有效地确定交易主体的真实性。其次，将电商进出口的所有货物纳入货物类的监管网络中，通过参考和借鉴对个人物品的监管方式，来构建和不断完善直购进口、网购保税和新型通关监管模式。再次，关于电商货物清单核放和通关，由电商企业汇总申报，不再分开由各个电商独立进行申报。网上相关的交易、物流和支付记录都可以用来当作跨境贸易电子商务出口货物的认证依据。

采取措施不断优化保税区通关等与跨境物流配送密切相关的环节，完善管理规范，推动贸易便利化，鼓励国内物流快递企业开展国际业务，吸引大型国际快递企业与国内电子商务企业、物流配送企业进行深入合作，提高国内的物流水平。根据实际情况制定出科学、完善的跨境物流配送企业服务质量标准,保障跨境物流配送企业的服务质量。

通过上述各项措施,跨境电子商务活动的服务支撑体系将得到完善,对开展跨境电子商务的保障作用将会越来越明显。

(二)跨境电子商务国际合作不断得到加强

由于我国跨境电子商务有庞大的海外客户群,但电商企业在跨境交易过程中也经常遇到货物丢失和清关时间过长等一系列问题,过去我国与相关国家缺乏这方面的业务交流与合作,使得这类问题一直得不到有效解决。针对这一短板,商务部高度重视,开始与相关国家展开积极磋商,大力推进跨境电子商务规则、条约的研究和制定,逐渐构建起双边和多边的跨境电子商务国际合作机制,从制度上为国内电商企业进行跨境电子商务活动创造条件。在进行相关的双边和多边自贸区谈判时,我国政府积极考虑国内的跨境电子商务发展问题,合理利用各相关国际组织的规则,有效地协助国内企业应对和处理跨境电子商务贸易活动中产生的纠纷。跨境电子商务作为一种跨越国境的商业活动,离不开各国政府,这将随着我国与相关国家越发深入的合作而得到发展和完善。

(三)跨境电商平台将获得更大的发展

我国跨境电商平台所起的作用和发达国家相比,仍然发展得不足,有很大的发展空间。相关政府部门对此也有清醒的认识,并逐步出台了具体的扶持政策,从政策上支持和保障我国各电子商务平台规范地开展跨境电子商务,以更好地发挥它们在整合国内企业资源、对接国际市场等方面的优势。同时积极支持跨境电商平台向国外先进的电商平台学习和借鉴,尽快达到国际一流水准,进而开展规范化经营,有效提升服务品质,总结出适合国内电商的交易模式。通过这一系列政策的鼓励和促进,跨境电商平台将来的发展步伐将会更大,同时整体水平也会有一个比较大幅度的提升。

第二节 "互联网+"背景下
跨境电子商务团队打造

随着电商竞争的愈演愈烈,电商团队对专业性的要求也越来越高。跨境电商是劳动密集型行业,人是第一生产力。中小企业转型做跨境电商,专业团队必不可少,那么怎么样才能打造一支高效稳定、能征善战的专业电商团队?不妨先来看看下面两个案例。

例1：国内某家电企业准备转型，老板觉得只要挖来一个通晓电商业务的能人就可以了。于是他从"天猫"挖来一个很有经验的年轻人来做电商团队的领导。年轻人确实很有干劲，来到企业以后也想大干一场，迅速招聘了一批人组建了电商队伍。互联网企业的管理方式和传统企业不一样，自由随性得多，这位新来的团队领导自然也以其所浸淫已久的互联网公司的管理作风来管理电商团队。于是，电商部门新招来的人，可以穿短裤上班，不用穿工服、打卡，以及各种"自由散漫"的行为。大家看到这个新部门业绩尚未完成，各种"自由自在"的特权倒不少，许多人心里已经不爽；而偏偏老板想转型的心思又太急，没来得及做好管理文化上的调适，只一味地强调大家要向这些新来的人、新成立的电商部门学习，使得大家心里更不是滋味。由于电商项目做的始终还是企业的产品，于是在做专供电商项目的产品时，大家开始各种明里暗里的不配合，以致整整弄了一年多才推出新产品，此时市场机会已经失去。于是电商团队埋怨传统业务部门：这样的速度，怎么干互联网？老板自然是大骂传统业务部门的不得力或不够配合，但各种内耗导致结果南辕北辙这一本质问题却始终没有得到解决。

从这个案例来看，在国内做事，除了天时、地利之外，最讲的还是人和。企业文化看着虚，但"人和"却是成事的保障。若大家不在一个"频道"上，事情就很难做顺。

例2：某集团从准备做电商开始，就安排了一位有十几年营销经验、对互联网有感觉、对做电商有浓厚兴趣的副总裁来负责，由他来担任电商团队的头儿。与此同时，从外部挖来了一个懂互联网、会搭建技术平台的人，又从集团公司调来了采购、研发、生产等部门的人，组建了一支电商队伍。从互联网挖过来的人负责前台，公司原来各相关部门调来的人基本都负责后台，由集团副总指挥协调好前后台之间的合作。新团队的磨合期虽然发生过这样那样的事，互联网与传统企业之间的工作习惯和文化差异一开始也一样存在分歧，但由于有这位带头的副总统一指挥，并以其在企业早已建立的威望以及丰富的营销管理经验，使得前后台人员之间的配合协作十分顺畅。三个月后，重新规划的新品上线开售，虽然中间也有些小摩擦，但整体项目推进得很顺利。

从这个案例来看，传统企业组建电商团队，既要邀请懂互联网、懂平台的网络"大咖"加入，又不能完全依靠外援，还需有熟悉生产研发的"老人"加入，这样才有助于实现前台和后台的协调与配合。

《电商团队管理：组织构建、人员培训与流程优化一册通》一书认为，要想建立一支高效、有战斗力的电商团队，需要具备以下几个因素：人岗匹配，共同目标，沟通体系，统筹管理，加强学习。其实，传统企业搭建自己的电商团队，最重要的就是要让合适的人做合适的事，发挥各自所长。其次，就是处理好团队内部、电商部门与其他各相关部门之间的利益分配问题。为此，组建团队应该参照包括分析、招聘和培训三个主要环节在内的流程。

一、分析环节

组建电商团队应该根据以下两点来分析：

一是老板的性格，团队人员的搭配。组建团队的时候你最好先去评估一下老板是什么性格，强势的还是讲道理的，平易近人的还是追求完美的等。然后，在招募的时候要做好匹配，只有匹配了大家才能团结在一起，工作才能不断向前进。否则老板看不惯下属，下属又不喜欢老板，团队可能就内耗了。

二是团队的价值观、奋斗目标。团队的价值观和奋斗目标至关重要。马云说过："我们不能统一人的思想，但我们可以统一人的目标。"是的，团队如果方向不一致，可能就会产生分歧、内斗，那样团队就很不和谐，开展工作就会比较难，做事的效率也会很低，所以团队在招人的时候一定要了解应聘者的价值观。

二、招聘环节

经过上述的分析之后，就可以制订计划进行招聘了。招聘渠道有很多，主要有网上招聘和线下招聘。线下招聘也可以是朋友、同学、熟人介绍的，只要能对公司或团队发展有帮助的人都是可以借用的。

当然，招聘过程中选人是关键。选人的基本原则是：态度好，能力强是首选；态度好，能力差的可以培养；态度不好，能力强的基本不用；态度差，又没能力者只能说抱歉了。至于判断一个人态度好不好，一般需要经过"察、听、问"这些步骤，以判定这个人是不是你想要的。

三、培训环节

人员招进来了，并不代表团队就完美了，接下来还要看怎么培训。通过培训，提高员工的专业知识、服务技能；提高员工的职业意识与职业素养；提升员工主动积极的工作态度及团队合作与沟通的能力，增强敬业精神与服务观念，加强其专业水准；提升各级管理人员的现代企业经营管理能力和管理创新能力；等等。培训属于人力资源管理模块，这里就不展开论述了。

经过这些步骤之后，团队的核心成员基本已经组建完毕，但不代表完成，这个时候的工作量其实是很多的，主要是打造适应电商发展的团队组织文化，诸如关心员工，让他们有归属感，营造一种家的感觉，尽量让大家都有收获、有成长、有希望，这样的团队才具备战斗力。

第三节 "互联网+"背景下跨境电子商务平台运营

一、全球速卖通

全球速卖通是阿里巴巴旗下面向全球市场打造的在线交易平台，被广大卖家称为国际版"淘宝"。通过速卖通，商家把"宝贝"编辑成在线信息发布到海外。

全球速卖通于2010年4月上线，经过几年迅猛发展，目前已经覆盖220多个国家和地区，每天海外买家的流量已经超过5000万，最高峰值达到1亿，已经成为全球最大的跨境交易平台之一。2014年"双十一"，速卖通订单达到680万单；2017年"双十一"，全球速卖通订单总量超过4 500万单。

（一）行业分布

全球速卖通覆盖3C、服装、家居、饰品等30个一级行业类目。其中优势行业主要有服装服饰、手机通信、鞋包、美容健康、珠宝手表、消费电子、电脑网络、家居、汽车摩托车配件、灯具等。

（二）适合产品

全球速卖通适宜于通过网络销售并以航空快递方式运输的商品。这些商品基本具有以下特征。

(1)体积较小：主要是方便以快递方式运输，降低国际物流成本。

(2)附加值较高：价值低过运费的单件商品不适合单件销售，可以打包出售，从而降低物流成本占比。

(3)具备独特性：在线交易业绩佳的商品需要独具特色，才能不断刺激买家购买。

(4)价格较合理：在线交易价格若高于产品在当地的市场价，就无法吸引买家在线下单。

（三）跨国快递

在全球速卖通上有三类物流服务，分别是邮政大小包、全球速卖通合作物流以及商业快递。其中90%的交易使用的是邮政大小包。卖家发货时，可以根据不同的物流服务，选择在全球速卖通线上发货，也可以联系各主要城市的货代公司上门收件进行发货。

二、亚马逊

亚马逊是美国最大的一家网络电子商务公司，位于华盛顿州的西雅图。亚马逊是网络上最早开始经营电子商务的公司之一。亚马逊成立于1995年，一开始只经营网络书籍销售业务，现在则扩及了范围相当广的其他产品，已成为全球商品品种最多的网上零售商和全球第二大互联网企业。

目前，亚马逊在全球共有十五个网点，分别位于中国、美国、加拿大、巴西、墨西哥、英国、德国、法国、西班牙、意大利、荷兰、日本、印度、澳大利亚和土耳其，是全球销售量最大的电子商务网站。通过亚马逊平台可以直接将商品销售给亚马逊全球超过3亿的活跃用户，其中包括不断增长并具有较高消费力的Prime优质用户群体。

2012年，亚马逊"全球开店"项目正式发布，越来越多的中国企业和个人通过亚马逊"全球开店"拓展国际市场，中国卖家业绩强势增长。海外热销的中国商品也由最初的服饰、电脑配件类不断扩充，如平板电脑、智能手机、扫地机器人、蓝牙耳机、无人机等更具科技含量的高端优质商品通过亚马逊打入国际市场。消费电子产品、无线设备产品、服饰产品、家居产品、户外产品是目前中国卖家的畅销品类。

通过亚马逊平台进行跨境电子商务必须要了解亚马逊平台的规则。亚马逊的运营特点是"以产品为王，以顾客为中心，以物流为核心竞争力"。亚马逊运营重产品、轻店铺，严厉打击假货和侵权产品的态度使商家在亚马逊上进行跨境电子商务必须把产品要素放在第一位。亚马逊提供的专属物流服务和Prime帮助中国卖家以更快的速度和更优惠的价格把商品送达消费者手中。

三、eBay

eBay集团于1995年9月成立于美国加州硅谷，是全球商务与支付行业的领先者，为不同规模的商家提供共同发展的商业平台。作为全球最大的在线交易平台之一，eBay帮助人们在全球几乎任何一个国家进行买卖交易；PayPal使个人和企业用户得以安全、简单、快捷地实现电子收付；通过eBay Enterprise，为全球企业提供泛渠道商务、多渠道零售以及数字营销上的便利。同时，eBay还有其他专门的交易平台服务数以百万计的用户,其中包括全球最大的票务市场StubHub和eBay Classifieds社区分类广告网站,这两个平台分布在全球1 000多个城市。

作为全球最大的在线交易平台之一,eBay帮助消费者随时随地购买其所需物品。目前,eBay在全球范围内拥有1.52亿活跃用户以及8亿多件由个人或商家刊登的商品,其中以全新的"一口价"商品为主。PayPal在全球范围内拥有超过1.57亿活跃用户,服务遍及全球193个国家及地区,共支持26种货币付款交易。如今,PayPal日处理交易量近800万笔。

eBay集团在中国致力于推动跨境电子商务零售出口产业的发展,为中国卖家开辟直接面向海外的销售渠道。通过eBay在线交易平台和PayPal支付解决方案,数以万计的中国企业和个人用户在eBay全球平台上每年将数十亿美元的产品和服务销售给世界各地的消费者。

为了更好地帮助中国卖家在eBay平台上进行销售,eBay成立了专业的跨境交易服务团队,提供跨境交易认证、业务咨询、疑难解答、外贸专场培训及电话培训、外贸论坛热线、洽谈物流优惠等一系列服务,帮助中国卖家顺利开展全球业务。PayPal则利用广阔的海外渠道和合作网络帮助中国企业迅速开拓全球市场,并更好地建立品牌认知和信任度。PayPal针对中国市场,着力于为中小商户提供"一站式"在线外贸解决方案,帮助解决从网店搭建、网络推广、在线支付到跨境物流等一系列难题。

四、Wish

Wish是新兴的基于App的跨境电商平台,主要靠价廉物美吸引客户,在美国市场有非常高的人气,其核心品类包括服装、饰品、手机、礼品等,大部分都是从中国发货。

Wish平台中97%的订单量来自移动端,2018年活跃用户超过10 000万人。就目前的移动互联网优势来看,Wish未来的潜力是非常巨大的。

Wish开店不需要租金,平台在商家卖出物品之后收取物品收入(售价+邮费)的15%作为佣金,不销售不产生佣金。该平台允许个人卖家入驻,门槛较低。但从2018年10月1日起,Wish开始收取新开账户2000美元的保证金。

五、兰亭集势

兰亭集势(Light In The Box)成立于2007年,注册资金为300万美元,是目前国内排名第一的外贸销售网站。公司成立之初即获得美国硅谷和中国著名风险投资公司的注资,成立高新技术企业,总部设在北京,在北京、上海、深圳共有1000多名员工。兰亭集势的使命是为全世界中小型零售商提供一个基于互联网的全球整合供应链。

兰亭集势涵盖了包括服装、电子产品、玩具、饰品、家居用品、体育用品等14大类,共6万多种商品。公司年销售额超过2亿元人民币。经过几年的发展,公司采购遍及中国各地,在广东、上海、浙江、江苏、福建、山东和北京等省市均有大量供货商,并积累了良好的声誉。许多品牌,包括纽曼、爱国者、方正科技、亚都、神舟电脑等也加入兰亭集势销售平台,成为公司的合作伙伴或者供货商。

兰亭集势的目标用户主要定位于全世界的中小型零售商,包括线上零售商和线下零售商。同时,由于大部分产品对订单没有最低数量限制,兰亭集势也能以批发的价格向普通消费者提供商品零售。兰亭集势的商业模式颠覆了传统的出口模式,一端连接着中国的制造工厂,另一端连接着外国消费者:它绕过中间所有环节,如中国出口商、外国进口商、外国批发商、外国零售商等。

兰亭集势70%的产品由自己采购,直接对接工厂,省去了很多中间环节,有自己的定价权,甚至很多产品还可以进行定制化生产。

六、敦煌网

敦煌网(DHgate)是国内首个为中小企业提供B2B网上交易的网站。它采取佣金制,免注册费,只在买卖双方交易成功后收取费用。在2011年,敦煌网的交易额就突破了100亿。作为中小额B2B海外电子商务的创新者,敦煌网采用EDM(电子邮件营销)的营销模式,低成本、高效率地拓展海外市场。自建的DHgate平台为海外用户提供了高质量的商品信息,用户可以自由订阅英文EDM商品信息,第一时间了解市场最新供应情况。

海外直发业务是敦煌网率先推出的全新销售模式,即利用敦煌网海外的仓储及配送服务,实现中国卖家直接销售存储在海外仓库的产品,从买家所在国家本地发货。这样可以缩短订单周期,提升买家购买体验,帮助中国卖家在全世界范围内扩大销售、降低成本、提升服务。

第四节 "互联网+"背景下跨境电子商务支付工具和数字化货币的趋势

一、跨境电子商务支付工具

(一)跨境电子商务支付

在跨境电子商务中,境内外买卖双方无需见面,通过平台完成交易,由此产生的支付及信用问题往往需要通过第三方支付机构的参与来解决。

跨境电子商务支付是由第三方支付机构通过银行为小额电子商务交易双方提供跨境支付所涉及的外汇资金集中收付及相关结售汇服务。如果交易金额较大,也可通过传统贸易的支付方式来解决跨境电子商务支付的问题。

对跨境电子商务来说,支付是非常重要的一个环节,但是在不同的国家和地区,人们的支付习惯并不相同,交易平台也不同。因此,应根据交易双方所在国家和平台提供的服务,选择相应的支付方式。

(二)主要支付工具介绍

跨境支付有两大类:一类是网上支付方式,包括电子账户支付和国际信用卡支付,适用于零售小金额;另一类是银行汇款方式,适用于大金额。信用卡和PayPal是目前使用比较广泛的两种支付方式,其他支付方式可作为收款的辅助手段。随着B2C跨境电子商务的发展,通过第三方平台支付工具的支付方式逐渐成为主要的支付手段。

1. 线下跨境支付方式

(1)电汇

电汇是卖家在实际外贸中运用最多的支付方式,大额的交易基本上选择电汇方式。采用电汇方式支付,会涉及银行手续费问题。银行手续费一般分为三部分:第一部分是付款人付款银行产生的手续费,可以由付款人单独支付,也可以在付款金额中扣取;第二部分为中转行的手续费,一般在汇款金额中扣取;第三部分为收款人收款行的手续费,一般在汇款金额中扣取。

(2)西联汇款

西联汇款是国际汇款公司Westem Union的简称,是世界上领先的特快汇款公司,迄今已有150年的历史,它拥有全球最大最先进的电子汇兑金融网络,代理网点遍布全球近 200 个国家和地区。

目前，中国农业银行、中国光大银行、中国邮政储蓄银行、中国建设银行、浙江稠州商业银行、吉林银行、哈尔滨银行、福建海峡银行、烟台银行，龙江银行、温州银行、徽商银行、浦发银行等多家银行是西联汇款在中国境内的合作伙伴。

采用西联汇款方式支付，手续费一般由付款方承担，但不同国家付款费用各不相同。目前，西联汇款在欧洲和美国的客户中接受度比较高。

（3）速汇金（Money Gram）

速汇金是类似于西联汇款的国际汇款方式之一，其业务模式与西联汇款类似。由于汇款不走银行通道，走的是速汇金的汇款通道，所以在国内有很多的合作银行，比较常见的代理行有中国工商银行、中信银行、交通银行、中国银行。

速汇金比西联汇款的手续费要便宜一些，具体可以联系相应银行的客服热线。当然也有一些非银行的代理机构可以办理相关业务。

2. 线上跨境支付方式

（1）信用卡付款

在欧洲和美国，主流的付款方式还是信用卡。信用卡是与个人信用相关联的，因此信用卡也是非常安全的付款方式。现在跨境电子商务平台大多与 VISA 和 Master Card 合作，可以通过信用卡支付。

使用信用卡付款的风险主要在于客户的退单和有小部分的信用卡诈骗行为，如消费者退单或者悔单，因为国际小额贸易前期物流等其他费用投入，对卖家来说往往损失不少。现在很多主流的跨境电子商务平台也倾向于对买家保护，使卖家利益受损。在防范信用卡诈骗方面，一般支付公司在提供支付服务时都提供了比较安全的各种验证加密措施，如发卡组织的黑卡库等信息共享，如果一旦遭遇黑卡或者盗卡，则会被系统拒绝付款，从而使订单失效，不会对卖家造成损失。

（2）PayPal

PayPal 是一个国际第三方在线支付平台，在线付款方便、快捷。跟其他支付手段相比，PayPal 具有以下优点。

①资金安全。

②快速。与国内支付宝一样，买家付款后，会立刻显示 PayPal 余额。

③方便。可以使用各种工具管理交易，提高效率。

④具有全球市场接受度。PayPal 目前可在 190 个市场和 6 种货币中使用，是小额跨境贸易工具中最主流的付款方式。

(3)支付宝(国际版)

支付宝(国际版)是阿里巴巴国际站和支付宝联合为国际买卖双方建立的全新在线支付解决方案。

支付宝(国际版)是非常新的支付方式,目前国际市场接受度不高,但随着阿里巴巴推出的全球速卖通平台在国际市场的占有率越来越大,支付宝(国际版)的国际影响力也将随之提高。

(4)Payoneer(P卡)

Payoneer是一家总部位于纽约的在线支付公司,其主要业务是帮助其合作伙伴将资金下发到全球;同时也为全球客户提供美国银行或欧洲银行收款账户,用于接收欧美电子商务平台和企业的贸易款项。

使用中国身份证即可完成Payoneer账户在线注册,并自动绑定美国银行账户和欧洲银行账户。用户可以像欧美企业一样接收欧美公司的汇款,并通过Payoneer和中国支付公司的合作,完成线上的外汇申报和结汇。使用Payoneer结算的费用不高,单笔费用一般为支付金额的3%。

(5)World First(WF卡)

World First全称是World First Markets Pay Limited,是注册于澳大利亚的一家从事网上外汇交易的顶级公司,是澳大利亚证券和投资委员会(ASIC)成员和会员之一,也是英国金融服务管理局(PSA)的会员。

World First是全球著名的外汇兑换公司,也是亚马逊官方推荐的收款方式,如果用户打算入驻亚马逊,可以考虑这一收款方式。World First没有实体卡,只有虚拟账户,与国内支付宝相似。不同于支付宝的是,支付宝可以存款,而World First不可以。World First目前已支持开通的虚拟账户有美元账户、欧元账户、英镑账户、加元账户、日元账户等。

对于面向美国、英国、加拿大和欧元区(如德国、法国、西班牙和意大利)市场销售的中国销售商,World First可以提供免费的美国、英国、加拿大和欧元账户。用户在跨境电子商务平台上(如亚马逊、eBay)的销售收入汇入World First账户中,然后按要求转换为其他币种(如人民币),最终汇入卖家在中国的收款账户。

(6)Ping Pong支付

Ping Pong隶属于杭州呼嘭智能技术有限公司,是中国本土的一家服务于中国跨境电商卖家的专业平台品牌,致力于为中国跨境电商卖家提供低成本的海外收款服务。Ping Pong是专门为中国跨境电商卖家提供全球收款的品牌。

Ping Pong 与国内跨境出口企业建立了紧密合作关系，为中国（杭州）跨境电子商务综合试验区管委会官方合作伙伴以及上海自由贸易试验区跨境电子商务服务平台的战略合作伙伴。目前，Ping Pong 与亚马逊、Wish、Newegg 等平台合作，实现了中国境内收款。

(7) 连连支付

连连银通电子支付有限公司（简称"连连支付"）是专业的第三方支付机构，也是中国的行业支付解决方案提供商。连连支付于2003年在杭州高新区成立，注册资本为3.25亿元，是连连集团旗下全资子公司。连连支付是中国（杭州）跨境电子商务综合试验区首批战略合作伙伴，是目前浙江省内最大的支付机构。

连连支付于2011年8月29日获得了中国人民银行颁发的《支付业务许可证》，业务类型为互联网支付、移动电话支付，覆盖范围为全国；于2016年8月29日完成支付业务许可证续展；于2015年1月12日获得了中国人民银行杭州中心支行许可开展电子商务跨境人民币结算业务；2015年2月13日，获得国家外汇管理局浙江省分局许可开展跨境外汇支付业务；2015年7月30日，获得中国证券监督管理委员会许可同意公司为基金销售支付结算机构。

基于跨境贸易及移动支付高速发展的现状，为满足各企业商家在交易环节中不断提高的收、付款需求，连连支付打造了以跨境支付、移动支付、O2O支付、大数据风控为业务核心的"全球化支付解决方案"。连连支付针对国内外商家垂直领域提供定制化支付解决方案，解决了互联网交易中支付转化率、O2O交互、风险交易等多项问题，极大缩短了跨境贸易商家的资金汇兑周期，提升了全球贸易企业的货币处理效率，助推了互联网交易产业的进一步完善。

(8) Qiwi wallet

Qiwi wallet 是俄罗斯最大的第三方支付工具，其服务类似于支付宝。Qiwi wallet 是 Qiwi 金融集团旗下的电子钱包系统，于2007年年底在俄罗斯推出。依托于 Qiwi Bank，Qiwi wallet 是俄罗斯市场上唯一一家注册地在俄罗斯境内，且能够直接与外国电子支付服务商合作的第三方支付服务提供商，占有了俄国电子钱包支付业务市场份额的1/3。现在很多国家的手机号都可以注册使用 Qiwi wallet，但目前还不支持中国手机号注册。Qiwi wallet 和用户手机号绑定，使用手机号注册开通后即可收发款，个人用户使用 Qiwi wallet 是免费的，只有商家使用 Qiwi wallet 收款才会收取费用。

3. 香港离岸公司收款

离岸账户在金融学上指存款人在其居住国家（或地区）以外开设的银行账户。

相反，位于存款人所居住国（或地区）内的银行账户则称为在岸银行账户或境内银行账户。

在如英属维尔京群岛、开曼群岛、巴哈马群岛、百慕大群岛等一些特别宽松的经济区域开立账户，具有账户保密性高、减免税务负担、无外汇管制三大特点，吸引了众多商家与投资者选择海外离岸账号的收款模式。在各离岸账户中，香港离岸账户具有一定的优势，主要包括以下几点：①无外汇管制；可以直接进行柜面操作；②银行费用方面，香港本地银行收费少；③账户功能齐全，比较适合国际支付；④开户速度快。

二、未来数字货币发展新趋势

数字货币的发展随着技术的成熟和世界各国达成共识后毋庸置疑是会越来越好的。在未来世界舞台的各个角落都将可能见到数字货币及其底层技术的身影，我们生活的方方面面也将因此改变。或许我们可以根据现有的发展趋势对未来数字货币的发展趋势做出一些展望。

（一）打造"去中心化"下全球一体化的新主流经济

世界贸易是一个各国共同参与的多元化复杂贸易体，世界贸易要想获得更大的发展空间与高度的自由度，推进贸易"一体化"的广度与深度，这是当今一个新的发展潮流，也是一种发展新趋势，其核心是逐步打破贸易格局的封闭与壁垒，逐渐步入一个"去中心化＋扁平化"的发展新格局。

"去中心化"模式是多元化经济发展的新主流趋势。如何推进这个贸易模式的发展？数字货币已被"呼之欲出"。数字货币的设计理念，就是"去中心化"，打破某一"垄断货币"的主导地位，用新的数字货币去颠覆"货币战争"的负面作用。

数字货币的被创造，其实就是一种天然的世界货币，它替代了世界各国政府主导的传统货币，替代了实物黄金的现实流通，并具有最强大的货币支付职能的发展空间，"去中心化"的世界货币职能，不受任何国家纸币波动的影响，也不受任何国家政府主导货币的管控，它具有全球化的流通职能，在未来世界货币的发展中，具有不可替代的作用。

我们知道，互联网是一个"去中心化"的交易平台，再加"去中心化"的数字货币，这将构建"一网一币"的世界贸易新格局。这种贸易新格局，将会最大限度地发挥在全球购物平台上的最大作用。

近年来，包括美联储、英国央行、荷兰央行关于数字货币的研究都在表明他们对于数字货币的研究是为了解决货币发行的要求。

从区块链的核心竞争优势，可以探究区块链对世界金融行业的影响：一是区块链能够有效降低金融行业的运行成本，对现有的中心化金融系统布局方式产生深刻变革；二是区块链能够驱动新型商业模式的诞生，加速传统金融经营模式的转型；三是区块链能够降低信用风险，提升银行业对信用风险跟踪分析的真实性、全面性。防范"互联网＋金融风险"；四是区块链是实现共享金融的有力工具，为自金融的产生奠定技术基础；五是区块链技术提升更宽泛的创新路径，促进更多金融生态新产品的开发，提升监管行业的同步化、透明化。

所以，区块链技术逐步"颠覆"金融的科技基础技术，拓宽新产品的研发，最终改变的是整个金融生态链。具体表现在以下几个方面：一是金融基础设施主要包括核心金融基础设施和附属金融基础设施。核心金融即金融市场基础设施，包括支付系统、央行存款系统、证券登记系统等；附属金融基础设施是一个广义的概念，主要包括信用体系、法律会计体系、反洗钱信息等。二是对于金融业务，可以实现选取某个金融产品作为突破点，一旦基于区块链产生可持续的效益，将对其他金融产品产生强大的示范效应。三是对于金融生态链的演变是区块链在金融领域应用的最终形态，自金融的产生和全新信用体系的构建将成为最终模式。

央行发行数字货币，有降低流通成本、降低传统纸币发行的成本的考虑，但运行的模式是必须由央行来发行，要基于央行和商业银行两方面的运作模式下进行发行。安全性在技术上必须要保证不可复制性、防伪性。

新的国有数字货币上线后减少了盗窃及逃税现象，并且运营成本相比私有公司要低，而且厄瓜多尔政府每年要至少花费 300 万美元来保证货币正常流通，这是非常昂贵的。数字货币系统则减少了流通中的纸币美元，可以为厄瓜多尔政府节约开支。现在人们可以在银行把自己的现金转化成数字货币并存在手机里，之后便可以使用数字货币进行转账和消费，如在厄瓜多尔的首都基多乘坐出租车就可以使用这种付款方式。

可以预见的是，在未来会有越来越多的国家开始推出官方的数字货币。毫无疑问，作为世界货币的美元的官方数字货币一经推出必定会在全世界范围内使用开来，这也有助于巩固美元作为世界货币的地位。当然我们也不能因此踌躇不前，数字货币可以使其他国家和地区的人更方便、更安全地使用美元，同样这一新的货币形态也可以为我国所用，可以推动人民币在全世界范围的使用规模继续增长。因此我们要抓住这一趋势，力争在技术上早日实现突破，为未来数字货币的全面推行打下坚实的基础。

(二)从全球个人贸易网购商务平台起航

随着数字货币在世界各国越来越被接受,随之而来的就是数字货币的应用问题。数字货币的应用领域可以说十分广泛,若要同时应用到这些领域几乎是不可能的,必然是首先从一些行业进行重点突击,在经验得到积累、技术得到完善之后再向更多的领域推广。

未来的数字货币在全世界范围内的应用将从全球个人贸易网购商务平台开始。在这一平台中,全世界的人们可以使用同一种货币——数字货币进行交易,既可以解决跨境贸易中结算不便这一问题,又可以在引入区块链技术后解决交易条约存在风险这一问题,因此可以使人们在这一平台购物的安全性得到有效保证。并且综合来看,数字货币首先应用到全球网购平台有以下几个优势。

第一,从技术上来说,从网购平台开始推广可以在全世界流通的数字货币范围内通用的数字货币可以说难度非常大,且不说各国之间达成共识的可能性有多高,就是考虑到主权等许多国家高度的问题会使这一计划不会轻易达成。因此数字货币在全世界的推广应该从技术上较易达成的领域试点。现在已经有许多规模比较大的网购平台支持使用比特币等数字货币,因此数字货币在网购平台的技术应用上已经不是问题,可以作为全球数字货币推广的第一站。

第二,在全球网购平台推行数字货币更易被人接受。数字货币作为一种全新的事物自出现不过数年时光。由于其虚拟的存在形态使得人们对其大都采取避而远之的谨慎态度。因此若要在全球范围内推行数字货币下的应用就显得十分困难,普通的实体行业的运行模式已经固化,贸然引入数字货币的效果必然不佳。与之相比,网购平台是互联网时代下的产物,活跃在互联网上的年轻一代比较容易接受互联网上的新兴事物。因此数字货币下的全球网购平台较实体行业相比有一定的潜在用户,因此拥有较好的发展环境和可塑空间。

第三,数字货币与互联网的结合有巨大的发展潜力。数字货币最早诞生于互联网中,因此在互联网中运用可以使其获得更广阔的发展空间,让数字货币从它最适应、最熟悉的环境开始发展,可以为以后在全世界的推广打下坚实的环境基础和技术基础。

(三)数字货币环境下的大数据时代来临

从国际上看,自2008年基于区块链的第一个应用比特币诞生以来,这项基于网络协议的底层技术被越来越多的金融机构所关注。国际货币基金组织(IMF)在其首份数字货币报告中明确指出"它具有改变金融的潜力"。英国政府在其发行的《分布式账本技术：超越区块链中》明确指出了将首先应用于传统金融行业，并且英国央行已经在考虑发行数字货币。欧洲证券及市场管理局（ESMA）提出了"区块链对整个金融行业产生巨大深刻的变化"的观点。

从国内来看，一些大型企业成立了专门的区块链实验室，致力于区块链技术的研究和在中国金融、公证等领域的推广。国家主管部门早在2014年就成立了专门的区块链研究团队，并在2016年1月20日召开基于区块链的数字货币研讨会，指出了发行数字货币对降低传统纸币发行、减少洗钱、逃税漏税等违法行为，以及提升对货币供给和货币流通的控制力，更好地支持经济和社会发展，助力普惠金融的全面实现，完善支付体系，推动经济提质增效升级等方面的重要意义，还提出了进一步明确央行发行数字货币的战略目标，包括做好关键技术攻关、研究数字货币场景应用，争取早日推出央行发行的数字货币等。可见国内金融高层对区块链这一技术在金融领域应用的重视。

第七章　农村电商

第一节　"互联网+"背景下农村电子商务概述

一、农村电子商务概述

（一）相关统计数据

据《中国电子商务报告（2021）》数据显示，2021年，全国电子商务交易额达到42.3万亿元，同比增长19.6%，其中商品类交易额31.3万亿元，服务类交易达到11万亿元；全国网上零售额达到13.09万亿元，同比增长14.1%，其中实物商品网上零售额是10.8万亿元，占社销零总额比重为24.5%；农村网络零售额达到2.05万亿元，同比增长11.3%，农产品网络零售额达到4221亿元，同比增长2.8%；跨境电商进出口总额达到1.92万亿元，同比增长18.6%，占进出口总额4.9%，其中出口是1.39万亿元，进口是0.53万亿元；电子商务服务业营收规模达到了6.4万亿元，同比增长17.4%；电子商务从业人数达到了6727.8万人，同比增长11.8%。以上数据充分表明2021年电子商务有力地支撑了稳增长、促消费、保就业、惠民生。同时，报告指出，2021年电子商务呈现出几大特点，如新业态、新模式驱动电子商务持续增长，短视频、流媒体直播逐步成为常态化的电商营销渠道，小程序助力企业打造数字新基建；新消费、新品牌助力线上消费提质扩容，"网上年货节""双品网购节"等促销活动，以新品牌、新国货、新消费持续推动消费复苏和升级，国潮新消费品牌迅速崛起。据商务大数据监测显示，2021年许多体现中华优秀传统文化的非遗特色产品成为新的国潮商品，销售额同比增长39%；电子商务助力抗疫保供、保障民生和稳定就业；跨境电商加快向品牌化发展；数商兴农行动助力发展农村电商新基建，打造农产品网络品牌，"新农人"电商创业就业持续升温等。

(二)淘宝网和农村淘宝

1. 淘宝网

淘宝网,亚洲第一大网络零售商圈,致力于创造全球首选网络零售商圈,由阿里巴巴集团于 2003 年 5 月 10 日投资创办。

淘宝网覆盖了中国绝大部分的网购人群,是网上创业和网络购物的首选网站。淘宝网上活跃着很多依靠网络开店生活的人群,它的特点是可以免费开店,并且有着巨大的客流量。

淘宝网是中国深受欢迎的网购零售平台,目前拥有近 5 亿的注册用户数,每天有超过 6000 万的固定访客,同时每天的在线商品数已经超过了 8 亿件,平均每分钟售出 4.8 万件商品。

随着淘宝网规模的扩大和用户数量的增加,淘宝也从单一的 C2C 网络集市变成了包括 C2C、团购、分销、拍卖等多种电子商务模式在内的综合性零售商圈。目前已经成为世界范围的电子商务交易平台之一。通过提供网络销售平台等基础性服务,帮助更多的企业开拓市场,建立品牌,实现产业升级;帮助更多胸怀梦想的人通过网络实现创业就业。新商业文明下的淘宝网,正走在创造 1000 万就业岗位这下一个目标的路上。

2. 农村淘宝

(1)农村淘宝定义

农村淘宝,可以用"五个一"来概括:一个村庄中心点、一条专用网线、一台电脑、一个超大屏幕、一帮经过培训的技术人员。农村淘宝属于阿里巴巴集团的战略项目。

阿里巴巴将与各地政府深度合作,以电子商务平台为基础,通过搭建县村两级服务网络,充分发挥电子商务优势,突破物流、信息流的瓶颈,实现"网货下乡"和"农产品进城"的双向流通功能。

(2)农村淘宝发展

在浙江省桐庐第二届电子商务发展大会上,阿里巴巴和桐庐县政府部门正式签署了《农村发展战略落地桐庐试点项目》。

阿里巴巴的"农村淘宝"有了第一个试点。阿里巴巴 BD 部门称 2014 年在"双十一"之前,阿里巴巴在桐庐开通 10 个类似的农村淘宝服务点,为普通大众提供优质服务。阿里巴巴集团的"千县万村"计划将在三到五年时间里投资 100 亿元人民币,在全国范围内建立 1000 个县级运营中心和 10 万个村级服务站。

（3）农村淘宝现状

农村淘宝已经覆盖全国29个省、700个县域（含建设中）的3万多个村点。

（4）购买方式

如何使用村淘购买自己喜欢的商品？

例如，你在网上看中一件100块钱的衣服，可以直接找到"农村淘宝"店主，让他帮你下单填地址。当你收到货后先试穿一下，不必急于付款。如果感觉满意，可以到店里付款；如果不喜欢也没关系，直接把衣服交给农村淘宝退货即可。

如何使用村淘卖出自己物品？

例如，村民自己家地里的板栗熟了，想要卖出去，怎么办呢？其实很简单，村民只要给店里打个电话，技术人员就会上门拍照议价，村民的土产品就能上淘宝网了。在接到消费者的订单后，发货即可。买家确认后，村民自己还可以选择现金或汇款两种方式收钱。

（5）升级

2017年6月1日，农村淘宝正式升级，农村淘宝和手机淘宝合二为一，手机淘宝针对农村市场增设"家乡版"。

农村淘宝与旗下淘宝、天猫等电商平台实现系统通、商品通、服务通，借以升级村淘战略。"三通"项目的启动意味着农村淘宝平台能够更好地拥抱阿里巴巴的电商生态体系，并利用生态体系的资源让海量的优质商品高效下沉到农村市场，让村民能够享受到和城里人一样的消费和服务体验。

二、农村电子商务发展趋势

（一）农村电子商务纵深化趋势

电子商务的基础设施将日益完善，支撑环境逐步趋向规范，企业发展电子商务的深度进一步拓展，个人参与电子商务的深度也将得到拓展。图像通信网、多媒体通信网将建成使用，三网合一潮流势不可挡，高速宽带互联网将扮演越来越重要的角色，制约中国电子商务发展的网络瓶颈有望得到缓解和逐步解决。我国电子商务的发展将具备良好的网络平台和运行环境。电子商务的支撑环境逐步趋向规范和完善。个人对电子商务的应用将从目前点对点的直线方式走向多点的智能式发展。

（二）农村电子商务个性化趋势

个性化定制信息需求将会强劲，个性化商品的深度参与成为必然。互联网的出现、发展和普及本身就是对传统秩序型经济社会组织中个人的一种解放，使个性的张扬和创造力的发挥有了一个更加有利的平台，也使消费者主权的实现有了更有效的技术基础。在这方面，个性化定制信息需求和个性化商品需求将成为发展方向，消费者把个人的偏好参与到商品的设计和制造过程中去，对所有面向个人消费者的电子商务活动来说，提供多样化的比传统商业更具有个性化的服务，是决定今后成败的关键因素。

（三）农村电子商务专业化趋势

面向消费者的垂直型网站和专业化网站前景看好，面向行业的专业电子商务平台发展潜力大。一是面向个人消费者的专业化趋势。要满足消费者个性化的要求，提供专业化的产品线和专业水准的服务至关重要。今后若干年内我国上网人口仍将是以中高收入水平的人群为主，他们购买力强，受教育程度高，消费个性化需求比较强烈。所以相对而言，提供一条龙服务的垂直型网站及某类产品和服务的专业网站发展潜力更大。二是面向企业客户的专业化趋势。对B2B电子商务模式来说，以大的行业为依托的专业电子商务平台前景看好。

电子商务在趋向专业化的同时，也开始呈现融合化趋势。电子商务网站在最初的全面开花后必然走向新的融合。一是同类网站之间的合并。目前大量的网站属于"重复建设"，定位相同或相近，业务内容相似，激烈竞争的结果只能是少数企业最终胜出，处于弱势状态的网站最终免不了被吃掉或者关门的结果。二是同类别网站之间互补性的兼并。那些处于领先地位的电子商务企业在资源、品牌、客户规模等诸方面虽然有很大优势，但这毕竟是相对而言的，与国外著名电子商务企业相比不是一个数量级的。这些具备良好基础和发展前景的网站在扩张的过程中必然采取收购策略，主要的模式将是互补性收购。三是战略联盟。由于个性化、专业化是电子商务发展的两大趋势，每个网站在资源方面总是有限的，客户需求又是全方位的，所以不同类型的网站以战略联盟的形式互相协作定是必然的。

（四）农村电子商务国际化趋势

我国电子商务必然走向世界，同时也面临着世界电子商务强手的严峻挑战。互联网最大的优势之一就是超越时间、空间的限制，能够有效地打破国家和地区之间各种有形和无形的障碍，这对促进每个国家和地区对外经济、技术、资金、信息等的交流将起到革命性的作用。电子商务将有力地刺激对外贸易。因此，我国电子商务企业将随着国际电子商务环境的规范和完善逐步走向世界。我国企业可以由此同发达国家真正站在一个起跑线上,将我国在市场经济轨道上的后发劣势转变为后发优势。电子商务对我国的中小企业开拓国际市场,利用好国外各种资源是一个千载难逢的有利时机。同时,国外电子商务企业将努力开拓中国市场。随着我国加入WTO,这方面的障碍将逐步得以消除。

电子商务一方面走向国际化,另一方面则向区域化优势发展。因此,立足我国国情采取有重点的区域化战略是有效扩大网上营销规模和效益的必然途径。我国电子商务的区域化优势与前面强调的国际化优势并不矛盾。区域化优势是就我国独特的国情条件而言的。我国是一个人口众多、幅员辽阔的大国,社会群体在收入观念、文化水平等很多方面都有不同的特点。我国虽然总体上仍然是一个收入比较低的发展中国家,但地区经济发展的不平衡所反映出来的经济发展的阶段性收入结构的层次十分明显。在可以预见的今后相当长的时间内,上网人口仍将以大城市、中等城市和沿海经济发达地区为主,B2B的电子商务模式区域性特征非常明显。以这种模式为主的电子商务企业在资源规划、配送体系建设、市场推广等方面都必须充分考虑这一现实,采取有重点的区域化战略,才能最有效地扩大网上营销的规模和效益。

第二节 "互联网+"农村电子商务探究

随着"互联网+"的不断发展,各行各业都在充分地利用电商平台的销售模式,农业电商就是其中之一。书中提及的"互联网+"代表的是一种新的经济形态,即充分发挥互联网在生产要素配置中的优化和集成作用,将互联网的创新成果深度融合于经济社会各领域之中,提升实体经济的创新力和生产力,形成更广泛的以互联网为基础设施和实现工具的经济发展新形态。而农业电商主要是指以农业生产为中心,以及与之发生交易的经济活动,其中主要包含农产品销售、网上支付以及物流配送等环节。"互联网+"的新型经济形态,也使得农业电商受到社会的广泛关注。

一、当前农村电商的现状

我国农村电子商务的建设和发展逐步加速,农村企业也开始入驻电子商务平台或者自建电子商务。总体来说,中国农村电子商务建设尚处于摸索阶段,因此找出一种符合我国现阶段所需要的农村电子商务模式尤为重要,要由上到下做好农村电子商务的环境建设。电子商务的发展要靠信息技术和通信技术的支持,国家要加大力度发展农村信息化建设。通过建设农业数据库进行信息收集、整理和挖掘，为农村生产经营提供信息保障，这些信息经过相关部门的加工处理后，才能变为农户直接理解和应用的有价值的信息。但这些信息在传递过程中，也会存在较多问题，农业企业缺少农业信息服务平台，不能直接传递给农户，农业企业要对电子商务有正确的认识。

二、农村电子商务主要模式

（一）B2B 电子商务

B2B（Business to Business），即企业对企业的电子商务。它是企业之间通过互联网进行数据信息的交换、传递，开展贸易活动的商业模式，这是电子商务最主要也是发展时间最早、发展最完善的商业模式。它是电子商务的主要效益所在，其利润来源于相对低廉的信息成本带来的各种费用的下降，以及供应链整合后的益处与上下游企业的紧密合作使交易成本大幅下降。B2B电子商务平台所提供的服务主要分为四大类，分别是营销推广、竞争情报、在线交易和其他服务。盈利方式主要包括会员费、广告费、竞价排名、增值服务收费、网站联盟与合作等。按照涉及的行业类别区分，B2B中介平台分为综合型和行业型平台。综合型B2B也称为水平网站，涉及行业门类十分广泛，大而全，产品丰富，如阿里巴巴网站即为其最成功的代表。行业型B2B也称为垂直网站，主要专注于一个行业的上下游产业链，专而精是其主要特点，如中国化工网就是其典型代表。

（二）B2C 电子商务

B2C（Business to Consumer），即企业对消费者的电子商务。这是消费者利用互联网参与网络经济活动的方式，类似于网络零售。B2C可分为综合型、垂直型、直销型、平台型等类型。综合型B2C是指中间商或零售商通过电子商务平台向消费者提供多种类型的商品或服务，这种模式是最早出现的B2C电子商务，其典型代表是Amazon、京东商城、当当网等。这种模式的电子商务通常向消费者提供多种类别的商品以及统一配送和售后服务，支付方式灵活，有较好的信誉保障，主要靠销售收入、广告收入、增值服务等盈利。垂直型B2C专注于某一特定的细分市场而不是综合的商品市场，强调在细分市场上提供更加全面完善的产品和服务。

早期的Amazon和当当网都专注于图书的网络销售，京东商城则从3C家电销售起步。垂直型B2C随着用户的增加和品牌知名度的提升，往往会向综合型拓展。直销型 B2C 是指生产商通过自建电子商务网站向消费者销售自产的产品或服务的模式。这种模式没有中间商，减少了中间销售环节，实现产销对接，有利于企业及时准确地获取消费者的需求和市场信息，有条件的还可以提供个性化定制产品或服务，如戴尔官方网站。平台型 B2C 是指专业的电子商务企业为会员企业提供交易平台，本身不直接参与产品销售与流通过程，平台为入驻的商家提供交易的基本功能和各种配套服务，并收取管理费或交易佣金。这种方式节约了商家自建交易系统的成本，减少了商品流通的中间环节，拓展了销售渠道，如天猫商城、京东商城。B2C 电子商务模式主要靠销售收入、广告收入、会员费、广告费、管理费、增值服务等盈利。

（三）C2C 电子商务

C2C(Consumer to Consumer)，即个人对个人的交易形式，也称网络拍卖，类似现实世界的跳蚤市场。早期主要有 eBay、易趣等网络拍卖形式，目前的典型代表有 eBay 和淘宝。个人卖家在 C2C 平台申请开设网上店铺，发布全新、二手或闲置的宝贝在线销售，网上店铺几乎提供了类似 B2C 网站的所有功能支持。早期的 eBay、易趣等 C2C 网站主要以网络拍卖形式进行销售，平台以收取交易佣金、信息发布费、广告费等盈利。淘宝网开创了 C2C 平台的免费模式，淘宝网上的产品交易方式主要以"一口价"形式标价出售，拍卖形式较少。免费模式的 C2C 平台主要以广告费、增值服务费等盈利。

（四）C2B 电子商务

C2B(Consumer to Business)，即消费者对企业的电子商务，又称反向电子商务，是一种创新的电子商务模式。它针对买方市场的特点，通过聚合分散的数量庞大的客户群，整合购买力形成一个强大的采购集团，加大与商家的谈判力度，从而享受到低于正常价格的优惠。此外，客户可以自己定制产品，邀约厂商生产，实现以客户需求为引擎，倒逼企业"柔性化生产"。厂商也可实现以销定产、降低库存，同时减少销售环节、降低流通成本的目标。C2B 主要服务模式包括要约模式、聚合需求模式、服务认领模式、商家认购模式等，通过以上服务，C2B 将庞大的人气和用户资源转化为对企业产品和品牌的注意力，转化为企业所迫切需要的营销价值，并从用户角度出发，通过有效的整合与策划，改变企业营销内容及形式，从而形成与用户的尝试沟通与交流。网络热销品牌"七格格""麦包包"等都是这种模式的成功者。这种模式的营利收入主要来自量大价优、个性定制、以产定销、客户满意度提升带来的收入或增值价值，以及营销成本和库存管理成本降低等。

（五）G2B 和 G2C 电子商务

G2B(Government to Business)和 G2C(Government to Consumer)指政府对企业和政府对个人的电子商务,主要指电子政务模式。G2B 覆盖了政府组织与企业间的许多事务,包括网上采购或政府部门的公共产品招标采购和工程招标,企业或商业机构可以以电子化方式回应,政府还可经过网络实施对企业的行政事务管理、政策法规发布与宣传提供网上服务等。企业可参与政府部门的网上招标采购的报价,利用政府网站办理网上纳税申报、网上报送、网上审批等事项,还可以与政府部门开展信息沟通与交流。G2C 则主要面向个人的政府服务,包括个人网上政策法规查询与下载、网上申报纳税、网上交通违章查询、交通肇事处罚、教育考试成绩查询、民意调查等。政府网站以政务服务为主,除了正常的政府服务收费项目,不以盈利为目的。网上采购或网上招标能降低采购成本,减少腐败现象,有利于政府开支的减少,促进政府形象提升。

（六）O2O

O2O(Online to Offline),一般是指网络团购。O2O 是近几年兴起的一种主要为本地生活提供服务的新电子商务商业模式,如美团网;也指企业能兼备网上商城及线下实体店,并且网上商城与线下实体店全品类价格相同,如苏宁电器。

O2O 即将线下的商务机会与互联网结合在了一起,让互联网成为线下交易的前台。这样线下服务就可以用线上来揽客,消费者可以用线上来筛选服务,还有成交可以在线结算,很快达到规模。O2O 的优势在于把线上和线下的优势完美结合起来,通过网购导购机,把互联网与实体店完美对接,实现互联网落地,让消费者在享受线上优惠价格的同时,又可享受线下的贴身服务。同时,O2O 模式还可实现不同商家的联盟。该模式最重要的特点是:推广效果可查,每笔交易可跟踪。O2O 平台主要靠交易佣金和广告收入等盈利。

三、"互联网+"背景下农业电子商务发展过程中存在的主要问题

（一）网络覆盖率较低

目前,"互联网+"的发展面临的最大问题就是农村网络不够发达,电脑使用率低。其实,原因归结于农户对电子商务了解太少,知识面狭窄。因此可以看出,农村地区网络普及率可以直接影响农业电商的发展。

(二)网络交易监管机制不健全

虽然现阶段"互联网+"处于飞速发展阶段,但网络交易的安全问题仍是电子商务发展最主要的问题。首先,互联网中网络诈骗事件较多,不但具有攻击性网络,还有欺骗性质的网站,两者都对电子商务发展产生重要的影响。其次,农户对网上交易缺少信任,也会影响农业电子商务的快速发展。

(三)农产品质量不高,供应链不完善

目前,中国农业的发展仍处于快速发展的阶段,主要原因在于小农经济生产方式过于陈旧,经营分散,农产品加工效率低,导致农业发展水平低,农产品质量难以达到要求。与此同时,农产品创新力也相对较低,这些因素都会在一定程度上制约着电商的快速发展。

(四)物流成本较高

首先,农产品存放时间较短,这也是与其他产品相比,竞争力低的原因。因此,农产品在运输过程中,成本相对其他产品较高。其次,农产品保鲜非常重要,这也是成本提高的重要原因。因此,农产品适合使用航空进行运输,它的运输方式直接影响其在电商行业的发展。

四、"互联网+"背景下农村电子商务发展的策略

(一)加强农村网络基础设施建设

作为一种网络应用,农村电商只有加强网络基础设施建设,才能为电商发展提供有力的条件。通过网络基础设施建设,建立综合性信息化平台,引导农户参与到电子商务活动中,将自己种植的农产品挂在网络上,与商家就产品在网络上进行交流,让广大农户真正体会到电商的优势,进而有效地促进农业在电商行业的快速发展。

(二)大力培养农村电商人才

农村电商的开展与农户的文化程度有着密切联系。因此,必须要加强农村电商人员的教育与培训,尤其是计算机水平,必须进行专业的相关培训。培训内容包括电子商务、计算机以及互联网等相关知识,聘请电商专家来农村开展讲座,并选派专业人员指导农民动手操作电子商务的业务流程,让农户对网络也有较全面的认识。除此之外,鼓励大学生投身于农村基层活动中,指导农民积极应用电商开展网络交易,从而为农村电商的发展提供强有力的保障,达到提升"互联网

"+"的运用水平,这样才能有效地推进农村电商的快速发展。

(三)加强农户对农村电子商务的认识

政府可以通过讲座等不同的宣传模式,加强农户对农村电子商务的认识,增强宣传力度,这样才能快速提高农户对于农业电商发展的重视程度,进而加快农业电商的发展步伐。

(四)政府加大农村物流体系建设

加大对农村道路体系建设,不断完善物流配送系统,打造强大的物流配送体系,规划好农产品的运输线路和流通模式,在降低运输成本的同时,缩短配送距离,实现生产经营效益的提升,进而有效地实现资源整合,提高物流配送水平,推动农业电商化的不断发展。

(五)建立健全农村电子商务法律体系

首先,建立完善的电商法律规定,加大市场监督,通过改善投资环境,确保网上产品信息技术来源的可靠性,从而促进农村电商长远发展。其次,吸取具有完善的电商立法国家的经验,通过建立与我国国情相符合的电商法律政策,从而为农村电商发展提供法律保障。

第三节 "互联网+"农村电子商务县域模式典型案例

一、农产品电子商务案例

农产品电子商务作为一种新型的农产品流通方式,近年来在我国快速发展,在减少农产品流通环节、降低农产品流通成本等方面起到了十分积极的作用。农村电子商务要抓住爆款产品,培养好网货产品,以增加农产品的核心竞争力。

(一)农产品——水果电子商务案例

电子商务架起四川省达州市宣汉县庙安乡群众致富之桥

庙安花果山景区位于四川省达州市宣汉县庙安乡,距宣汉县城23千米,距达州市区21千米,毗邻洋烈水乡景区,是达州市"春观光、夏品瓜、秋摘果、冬赏雪"的乡村生态旅游休闲度假地。景区海拔350~890米,年均气温13.8℃,气候宜人。近几年来,宣汉县庙安乡充分发挥自然优势,大力发展乡村农产品电商产业,建立了以脆李为主的万亩花果基地、红心猕猴桃基地、庙安西瓜地理产地，打造成了富有当地特色的花果之乡。

最近几年来，网上农产品销售增长十分迅速。庙安乡利用"巴山万家"电子商务平台，向全国各地销售"庙安脆李"、果酒"四君子"等农产品，年产值超过 8 000 万元。为保证水果贮藏新鲜、运输方便，庙安乡洞子村建成包括库容 5 000 吨低(恒)温冷库的集配中心。同时，庙安乡还注重提升宣传意识，打造优势品牌。他们与有影响力的媒体合作，提高知名度；印制农产品图集、创建农产品宣传刊物。庙安乡做到了高标准定位、高规格包装、大规模宣传。此外，庙安乡建立了一支强有力的营销队伍，不断完善"互联网＋农产品"等销售模式，积极参与各类特色农产品展销会，拓宽销售渠道，实现了经济效益最大化。

[**点评**]"互联网＋农产品"销售模式为四川省达州市宣汉县庙安乡农特产品的销售开创了新的天地，既实现了促农民增收，也提高了特色农产品的美誉度，具有广阔的前景。

(二)农产品——土鸡电子商务案例

土鸡网上卖——销路出奇好

泸州市纳溪区白节镇高峰村村民胡某利用楠竹林下空地养殖生态土鸡，成为村里响当当的养鸡大户。此前，胡某在村里的万亩楠竹林放养高山土鸡，每年出栏土鸡都在 1 万只左右。然而，由于地势偏远，胡某又没运输工具，因此他的生态土鸡大多是赶集日背到相邻几个乡镇卖给商贩，价格比泸州城里的生态土鸡价格每千克低 5 元左右。

2017 年，纳溪区加大了农村电子商务网点的建设步伐，并在全区 201 个村、社区建起了"赶场天电商服务站"。高峰村的"赶场天电商服务站"建成后，胡某成了受益者之一。2018 年春节前后，胡某在村里电子商务服务工作人员的帮助下，将土鸡的待售信息放上了"赶场天电商服务站"平台，在平台上介绍自家的土鸡品种、品质、体重、价格以及饲养的环境条件，并实地拍摄了多张照片进行展示。短短一个月时间，网上就卖出了 700 余只土鸡。而部分泸州和纳溪的市民更是驱车到他的养殖基地购买，少则两三只，多则 20 只。1000 多只土鸡一个月时间就卖光了。在胡某的带领下，周边 5 户村民加入楠竹林生态土鸡养殖队，争取将高峰村楠竹林土鸡做成品牌。

[**点评**]高峰村村民通过电子商务平台，将自己饲养的土鸡信息录入网店出售。这样一来卖得更快，价格卖得更高，大大提高了村民的收入。

二、县域实践成功模式案例

（一）四川蒲江

四川省蒲江县是世界公认的猕猴桃俱佳种植区，生态条件优越，品种资源丰富，市场基础良好，作为四川省 62 个国家级电子商务农村综合示范县之一，其产品和商标是农村电子商务发展的两个强大支撑。好的产品是发展之源。蒲江在全国率先推进有机产品认证示范县建设，开展耕地质量提升三年行动计划，通过实施品种、品质、品牌的"三品提升计划"，集中集约发展了优质茶叶、柑橘、猕猴桃三大主导产业，有了规模和品质的"双保险"，当地电子商务发展的产地优势由此凸显，并获得地理标志商标，这是蒲江的标志。

［点评］蒲江县为了优化农业电子商务建设，大力建设农产品品牌，积极创设"十大服务八免四补"扶持政策，培育发展电子商务主体 3400 余家，建成京东、苏宁等蒲江特产馆。引进菜鸟网络、圆通、顺丰等物流公司 20 余家，建成蒲江县现代农业水果物流中心、新发地仓储物流中心等配套服务基础设施。分选、包装、冷链物流等设施完善，冷链仓储达 8.5 万吨，全县商品化处理率达 80%。2018 年带动销售县外农产品逾 1 亿斤（1 斤＝0.5 千克），电商年销售额增长迅速，凭借蒲江丰富的现代农业资源和良好的交通区位优势，其农产品电子商务发展势头迅猛，逐步走出了一条"买四川、卖全国"的农村电子商务特色发展之路。

四川蒲江电子商务的发展经验被运用到了水晶产业的发展、乡村振兴的发展、农产品的发展中，更好地服务了当地经济，加快了当地电子商务的发展。

（二）吉林通榆

吉林省通榆县是典型的农业大县，农产品丰富，但受限于人才、物流等种种因素。通榆政府根据自身情况积极"引进外援"，与杭州常春藤实业有限公司开展系统性合作，为通榆农产品量身打造"三千禾"品牌。同时配套建立电子商务公司、绿色食品园区、线下展销店等，初期与网上超市"1 号店"签订原产地直销战略合作协议，通过"1 号店"等优质电子商务渠道将本地农产品售到全国各地，后期开展全网营销，借助电子商务全面实施"原产地直销"计划，把本地农产品卖往全国。

值得一提的是，为解决消费者对农产品的疑虑，通榆县委书记和县长联名写了一封面向全国消费者的信——《致淘宝网民的一封公开信》，并将其挂在淘宝聚划算的首页。这一诚恳亲民的做法赢得了网友的一致称赞，很大程度上提升了消费者对通榆农产品的信任。

[点评]吉林通榆采取的是"政府系统委托＋服务商驱动"模式。利用自己作为典型农业大县的独特优势，坚持"政府当先，亲民为民"的原则，采用以网上直销为主的电子商务模式。首先依托政府整合当地农产品资源，系统委托给具有实力的大企业进行包装、营销和线上运营，地方政府、农户、电子商务企业、消费者及平台共同创造，并从其中分享价值。这样既满足了各方的价值需求，同时更好地带动了县域经济的发展。

吉林签约阿里推广通榆经验，打造农村电子商务吉林模式，其核心是在云计算战略新兴产业领域的布局，明确了双方将通过云计算、大数据和阿里巴巴平台，实现科学规划吉林省各地级市中小企业电子商务的发展。

（三）陕西武功

陕西省武功县是传统农业县，农产品"买难卖难"问题一直困扰着农村经济的发展。为破解这一难题，武功县政府积极发展电子商务，探索"买西北、卖全国"的模式，立足武功，联动陕西，辐射西北，面向丝绸之路经济带，将武功打造成为陕西农村电子商务人才培训地、农村电子商务企业聚集地、农产品物流集散地。

目前，武功县已经成为陕西省电商示范县，先后吸引西域美农、赶集网等20多家电商企业入驻发展，300多个网店相继上线，全县电子商务日成交量超万单，日交易额达100多万元；10余家快递公司先后在武功县落地，农村电子商务试点在14个村全面启动，让电子商务真正走进农村，惠及百姓。

[点评]陕西武功发挥生态优势，体现精准扶贫，更体现了从县域电子商务到电子商务经济的跨越，采用了一套领导机构；两个协会统筹协调；把握住运营中心、物流体系、扶持机制三个关键；高层次地搭建电子商务孵化中心、产品检测中心、数据保障中心、农产品健康指导实验室四大平台；进行免费注册、免费提供办公场所、免费提供货源信息及个体网店免费上传产品、免费培训人员、在县城免费提供 Wi-Fi 等五免政策。这些政策的大力支持，使陕西武功成功实现了县域电子商务到电子商务经济的完美跨越。对适合电子商务创业的企业，进行免费培训和完善的供应链服务，实现电子商务"轻"创业；对于贫困村的农产品，动员电子商务企业发动各类网上营销，实现产得出就能销得出。

"双十一"陕西武功电子商务销售突破 1.3 亿元，生鲜水果成为新亮点。其中，售出猕猴桃 3.1 万单，销售额 112 万元；苹果 5.9 万单，销售额 342 万元；梨 2.7 万单，销售额 233 万元。在这之中最大的特色是其快速的物流快递以及生鲜供应链中心。

第四节 "互联网＋"农村电子商务创新发展

推进农业供给侧结构性改革，在"互联网＋"时代背景下，离不开农村电子商务的创新发展。农村电子商务服务体系是指以县级电子商务运营服务中心和村级电子商务服务站点建设为基础，整合了电商、物流、商贸、金融、供销、邮政、快递等各类社会资源，为农村群众提供在线购物、销售、缴费、出行、教育等服务，促进农村消费，带动农村产品销售，促进农民增收，形成农村经济的线上线下融合的公共服务体系。

农村电子商务服务是推进农业供给侧改革的重要抓手。农村电子商务服务体系一端连着生产基地、专业合作社和个体农户，一端连着网络上数量可观的消费者，可实现农产品从"田间"到"餐桌"供应链的垂直整合，为消费者提供品种多样的产品供给，同时以大数据分析出消费者喜爱的农产品结构，科学指导农业生产结构调整。农村电子商务服务体系是推进农村一二三产业融合发展最直接最有效的方式，可深度挖掘农业的多种功能，把农业生产与电子商务、农产品加工、流通和农业休闲旅游融合起来发展，培育壮大农村新产业、新业态。农村电子商务服务体系可以减少交易层级和中间环节。与传统贸易相比，在减少投入的人力、物力和财力上有着无可比拟的优势。另外，企业可以通过整合企业内部的采购体系，统一向供应商采购，实现批量采购获取折扣。

2017年中央一号文件指出：促进新型农业经营主体、加工流通企业与电商企业全面对接融合，推动线上线下互动发展。加快建立健全适应农产品电商发展的标准体系。支持农产品电商平台和乡村电商服务站点建设。推动商贸、供销、邮政、电商互联互通，加强从村到乡镇的物流体系建设，实施快递下乡工程。笔者认为，结合农村基层实际，应着力采取以下措施促进电子商务发展。

一、统筹规划

加强顶层设计，将发展农村电子商务纳入各地"十四五"发展规划和新型城镇化规划，作为农村经济发展的新引擎，农业供给侧结构性改革的新举措，农民增收致富的新路径。推动创新发展，鼓励传统企业和电商企业开展农产品电子商务、农业生产资料电子商务和休闲农业电子商务、电商扶贫等示范试点工作，不断激发农村电子商务创新动力、创造潜力、创业能力。

二、制定政策

在整体推进农村电子商务服务体系建设上，有关部门应结合本地实际，研究出台扶持农村电子商务发展的配套政策，创造良好的政策环境，在项目、土地、税收、人才、培训等方面加大扶持力度。要制定县域农村电商发展规划，围绕当地资源禀赋、文化特色、产业发展现状和存在问题等，确立农村电子商务的发展战略、总体思路、主要目标、功能布局和重大项目等。

三、夯实基础

加快农村和边远地区的网络通信基础设施建设。加快规划建设辐射面广，集仓储、分拣处理、快速集散、统一配送、商品展示等多种功能为一体，联通城乡的快递物流配送体系。研究制定出台促进快递业加速发展和降低物流成本相关政策措施，给予快递物流企业、物流配送站点进村入户配送补贴，着力解决农村电子商务"最后一公里"的问题。

四、提质增效

农业供给侧结构性改革关键还是要在优质和特色农产品供给上下功夫，要开辟绿色通道，解决农产品线上销售合法性问题，促进农产品供给提质增效，提高农产品的商品转化率，大力推动"名特优新""三品一标""一村一品"农产品上网营销，打造上行农产品品牌。进一步规范农村电子商务市场秩序，加强对农产品生产、加工和流通等环节的质量管控。加快推进农产品质量追溯体系建设，从农产品的种植、生长、采摘、生产、包装、物流等各个环节进行记录，保障产品质量。

第八章 直播电商

第一节 "互联网＋"背景下直播电商概述

一、直播运营概念

直播运营是一个 IP 背后的核心操盘手。这个直播运营团队里除需要选品、搞定供应链、把控产品质量外，还需要策划内容和脚本，对接商务沟通，推广引流。什么时候卖什么商品，用什么话术引导，目的是什么，最终结果怎么样等，这些都是直播运营的主要工作。

除此之外，直播运营还可以分为产品运营和内容运营。产品运营主要负责直播间产品的选择，挖掘直播间产品卖点，帮助主播进行直播间产品知识培训和直播间布置的优化等。而内容运营主要负责直播前后的内容宣传、造势、运营，配合直播的店铺相关运营工作和直播数据的检测、分析与优化。除此之外，还要负责直播内容和直播品类的拓展，并发掘优质用户群体及维护老用户。

成功的直播运营可以提高转粉率、直播间点击率、直播间转化率，增加粉丝观看时长，促进店铺营业额的增长等。

2019 年 6 月 16 日，唯品会在 616 大促期间携手腾讯广告、全民 K 歌联合开启"616 品牌特卖全民 PK 赛"，吸引了 80 位各有所长的关键意见领袖（Key Opinion Leader，KOL）参与，并通过精心遴选不同品类和品牌，挑选出满足用户主要购物需求的 192 款商品，以直播的形式高效带货，80 位 KOL 通过连续 3 天高频次、高强度"直播种草"，强势占领了用户心智，创造了 2.13 亿次的曝光量，其中总观看人次高达 1627.8 万，最大化地实现了品牌对粉丝的价值冲击。不仅如此，直播中引入的打榜玩法和领取唯品会福利的形式，成功激发了粉丝主动为 KOL 购物打榜的热情，形成有效互动和粉丝的正面评价，最终为唯品会创造了 114 万的成功"种草"人次。

2019 年 2 月 28 日，唯品会携手陌陌玩转"电商＋社交＋直播"营销玩法，打造新流量入口，助推美妆大促活动，帮助众多美妆品牌提高销量，获取新用户。与传统电商相比，"社交+直播"最大的优势是互动性和真实性。陌陌作为国内知名移动社交平台，拥有过亿活跃用户，用户粘性高。直播这种形式能带来比图片和文字更加生动的传播效果。在直播间中，用户除打赏外，还能观看主播介绍或试用产品，通过屏幕上随手可以点击的优惠券、红包等定制功能，以及通过商品的导购链接体验"边看边买""边玩边买"的乐趣。同时，陌陌主播自带的粉丝流量将这种传播效应进一步扩大。

二、互联网直播发展历程

互联网直播的发展路径如图8-1所示。

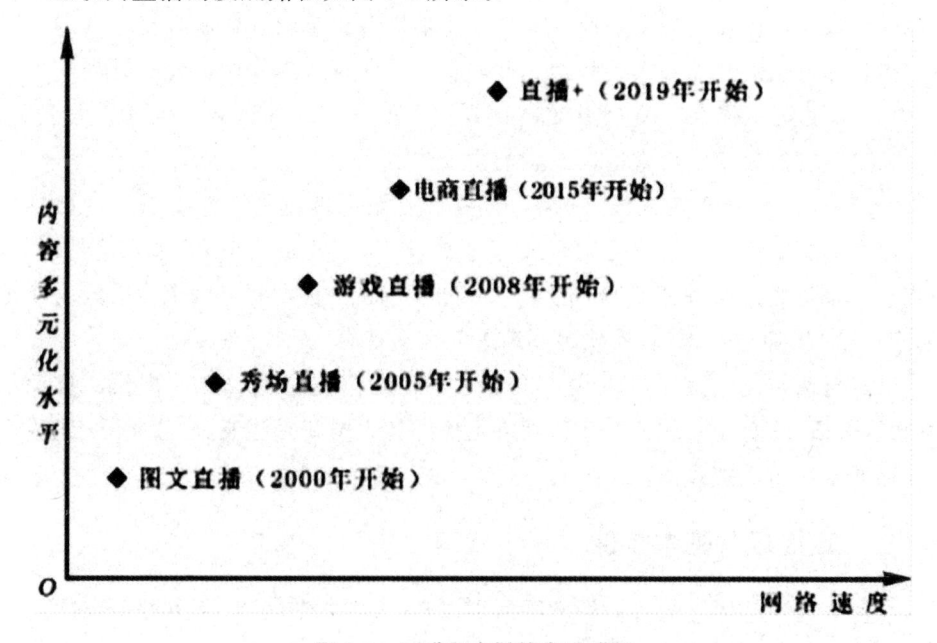

图8-1 互联网直播的发展路径

图文直播：拨号上网与宽带上网刚兴起的时候，网速普遍较慢，网民上网以聊天、看新闻、逛论坛为主。因此，这一时期的直播形式仅支持文字或图片，网民通过论坛追帖、即时聊天工具分享等形式，了解事件的最新进展。

秀场直播：随着网速的提升，视频直播开始出现。但受制于计算机运行速度及内存容量的限制，网民无法同时打开多款软件进行"一边玩游戏，一边直播"或"一边看体育比赛，一边做解说"等操作，仅支持利用网页或客户端观看秀场直播。2008年开始，以9158为首的"视频聊天室"平台，开启了国内直播时代。我国最早的互联网直播多为"秀场直播",直播内容为唱歌、聊天、跳舞。

游戏直播:随着计算机硬件的发展,网民可以打开计算机进行多线操作,"一边听YY语音直播,一边玩游戏"的形式开始出现,游戏直播开始兴起。与此同时,国内外一系列游戏直播平台开始出现。2008年,主打语音直播的YY语音面世,并受到游戏玩家的推崇。在早期网游领域,使用YY语音进行游戏沟通成为游戏爱好者的默认共识。2011年,美国Twitch.TV从JustinTV分离,独立成为首家游戏直播平台,主打游戏直播及互动。随后,2013年YY游戏直播上线,2014年斗鱼直播上线,国内PC端游戏直播平台初具规模。

2015—2016年,4G网络全面覆盖,网民上网资费下调,手机直播开始流行。国内映客、熊猫、花椒等主流直播平台纷纷布局移动直播市场,相关创业公司也顺势成立,市场上最多曾有300余个直播平台。全国有数千万用户开通了手机直播,形成全民开播的大趋势。因此,直播行业进入爆发期,全民开播也形成了"万物皆可播"的态势。直播开始链接到更多的领域,如游戏、电商、综艺等。"直播+产业"的模式成为直播爆发期的主要热点。

2017年至今,"千播大战"后期,直播行业泡沫迅速冷却。直播平台市场格局已定,形成了稳定的用户运营模式,如2018年,"直播+电商"模式蓬勃发展,淘宝直播全年成交额超过1 000亿元;2019年"双十一"期间,淘宝直播成交额近200亿元。"直播+短视频"模式也逐渐进入大众视野。

直播行业经过十多年的发展,形成了千亿元市值的巨大产业规模,推动了"万物皆可播"的全新业态,并且让网络主播成为中国新兴职业。"直播+"正成为互联网的主流商业模式。

三、直播运营基本技能

如何成为一个优秀的直播运营呢?可以从"人""货""场"三个方面来剖析。

(一)"人"

主播就是直播中最重要的人,也是一场直播中的核心。直播运营在选拔主播的时候,需要注重考虑以下几个方面。

(1)主播的业务能力。主播的业务能力包括很多方面,如主播的细分行业业内知名度、直播态度和直播技巧等。直播态度和直播技巧都直接关系着直播质量。

(2)主播的匹配度。主播和直播内容的匹配度是非常重要的,除主播外,还有另外一个"人",那就是用户,无论是传统的泛娱乐直播,依靠用户打赏,还是电商直播，依靠用户购买分成，用户都是直播间的重要组成部分。直播运营就需要将用户分层，有针对性地去对接，做到维护老粉丝，挖掘新粉丝。

（二）"货"

在货品的选择上需要注意以下几个方面。

(1)产品品质。品质是一切的根本，品质如果不好，哪怕主播卖力将全部产品售出，也会面临很多退货问题。因此，直播运营在直播间选择产品时，应当注重产品品质。

(2)产品价格。价格低就是优势。同样的主播、同样的内容、同样的脚本，价格低会有绝对性的优势。

(3)时间点。卖货的时间点把握和新媒体追热点类似，尤其是销售季节性、阶段性产品的电商直播，把握好时间点，就可以在直播时掌握先机。

(4)匹配度。直播运营需要注意产品与主播之间的匹配度，如果产品与主播不匹配，会降低粉丝对主播的信任度，下单率也会降低。

（三）"场"的选择

对于头部主播而言，自身的带货能力已经足够大，对于场地并不需要太过在意。但是，对于非头部主播而言，场地选择就非常重要了。

(1)要贴合直播内容。不同类型的主播、不同的产品需要的"场"是不一样的。

(2)要经常变换场地。一成不变，则会让用户缺乏新鲜感，需要不断地去改变直播间场景布置。

四、直播运营流程

对于一场直播来说，需要做好充分的准备。首先，直播前期的准备，要确定直播的目的，是增粉、引流还是带货变现；要确定在哪个平台直播，以及直播的内容和主播的确定。其次，要将直播的工具准备好，如果使用手机直播，要将充电宝、充电器准备好，防止直播中途手机突然没电；如果使用电脑直播，要将摄像头、麦克风准备好。最好准备一个美肤灯，可以给主播一个美颜的效果。最后，可以在各大平台进行直播前的宣传和预热，让更多用户知道和来到直播间进行观看。

正式直播时就是主播的主场，最好按照提前策划好的流程进行直播。如果有助理，可以让他在场外提醒主播每个环节的时间，再根据时间来把控直播的节奏。如果是个人直播，那么建议在直播前主播先将流程看一遍，然后将每个环节的时间段标明,用白板写出来,放在镜头看不到的地方。在直播过程中可以设置一些互动环节,提高直播间的气氛和活跃度。如果要设置互动问题,建议选择互动性高的"二选一"式的问题,直播中直接让观众回复1或者回复2即可。如果要设置抽奖环节,可以在抽奖时设置要求,例如,只有关注主播并回复特定指令的粉丝才能参与抽奖。

一场直播结束后,做好数据统计。现在直播平台基本都会有一个直播数据功能,每次下播后,都可以查看本次直播的在线人数、获得的礼物打赏等。将这些内容做好统计,方便日后分析总结和提升。

每一场直播结束后都应该进行直播沉淀和复盘。首先,要发现直播中的不足之处并做出应对措施,以便于在下一场直播时避免同样的失误,同时做好数据统计;还要核对直播中送出的奖品福利及免单发放明细,确保用户的福利得以顺利发放。其次,复盘正常直播,并记录直播中的失误,盘点直播成果,分析直播中的规律(产品销量好的时段、品类等)。最后,做会议总结,提出解决及优化方案。

五、直播运营风险防范

直播运营风险防范有环节设置、软硬件测试、主持词审核、弹幕监控、侵权检查和平台资质六个要素。

(一)环节设置

策划一场线下活动,主办方必须对活动各环节进行模拟与彩排,防止由于环节设置不公平而发生异议,同时,避免现场观众在热情最高的颁奖、领奖环节发生拥挤与踩踏等事件。同样,策划网络直播活动,也必须对环节设置进行反复推演,尤其是涉及"转发抽奖""扫码领取红包"等环节时,应采取措施防止被恶意领走抽奖或红包而导致大量观众无法获得,从而引发大量有争议的弹幕。

(二)软硬件测试

为了达到最佳的网络直播效果,新媒体团队需要在直播前对所有相关软硬件进行反复排查与测试。一方面,需要熟悉直播软件的使用及各环节软硬件的配合,防止误操作;另一方面,需要对网站、服务器进行反复测试,防止由于大批观众涌入而造成服务器瘫痪。

(三)主持词审核

现阶段直播平台用户规模不断变大,已成为社交、娱乐等场景的重要入口,因此相关部门也开始重点管理。

（四）弹幕监控

弹幕是指观看直播的观众发送的简短评论，可以滚动、停留甚至更多动作特效方式出现在屏幕上。

主持人或主播的发言可以提前审核，但直播现场的网友弹幕无法在直播前进行预估，只能依靠现场管理。直播平台通常可以设置"房管"，直播间主播发言的同时，房管可以监控网友弹幕，对于利用弹幕发布内容低俗、过度娱乐化、宣扬拜金主义和崇尚奢华等内容的，直接关闭其发言的权利。对于情节严重的可以将其发言截图保存，移交公安机关处理。

（五）侵权检查

企业直播营销通常需要物料作为支持，包括背景板、贴图、玩偶、吉祥物等。此类物料在直播前必须仔细检查，防止使用涉及版权保护的物料，以免引发官司。

2017年5月，国务院发布了《2017年全国打击侵犯知识产权和制售假冒伪劣商品工作要点》，提出要加大互联网领域侵权假冒治理力度，加大打击侵犯知识产权工作力度，加强商标行政执法，加大版权保护工作力度。因此，直播所涉及的所有物料，都必须做到不侵权、不违法。

（六）平台资质

要在具有相关资质的直播平台进行直播，保证卖方与买方的合法权益。

第二节 "互联网＋"背景下直播电商相关技术

一、硬件技术

DASH的诞生给直播的发展和成熟奠定了坚实的码率转化基础。DASH（Dynamic Adaptive Streaming over HTTP），又称MPEG-DASH，是一种在互联网上传送动态码率的Video Streaming技术，类似苹果的HLS。DASH会通过Media Presentation Description（MPD）将视频内容切片成一个很短的文件片段，每个切片都有多个不同的码率，DASH Client可以根据网络的情况选择一个码率进行播放，支持在不同码率之间无缝切换。

目前，3GPP Release 10已经将DASH纳入其中；在HbbTV 1.5中也支持

DASH；DVB-DASH 也将 DASH 纳入 DVB(ETSI TS 103 285 v.1.1.1)中。目前，DASH Industry Forum 由发起厂家组成，致力推进 DASH 产品生态，将 DASH 产业化和业界最佳实践推向批量应用，而有了这种技术的发展和成熟就意味着直播有了传输载体。

二、网络 4G 成熟

(一)直播技术有了场景支持

4G 集 3G 与 WLAN 于一体，并能够传输高质量视频图像，其图像传输质量与高清晰度电视不相上下。互联网直播需要的就是这种技术，4C 系统能够以 100～150Mbps 的速度下载，不同的运营商采用不同的 4G 技术，速度通常比 3G 快 20～30 倍。4G 通信技术并没有脱离以前的通信技术，而是以传统通信技术为基础，采用一些新的通信技术来提高无线通信的网络效率和功能。ITU(国际电联)已经将 WiMax、HSPA+、LTE 正式纳入 4G 标准里，加上之前就已经确定的 LTE-Advanced 和 Wireless MAN-Ad-vanced 这两种标准，4G 标准已经达到 5 种。目前，LTE 已然成为 4G 全球标准，包括 FDD-LTE 和 TDD-LTE 两种制式。截至 2013 年 3 月，全球 67 个国家已部署 163 张 LTE 商用网络，其中 154 张 FDD-LTE 商用网络，15 张 TD-LTE 商用网络，6 家运营商部署双模网络，中国联通采用 FDD-LTE 制式进入 4G 时代。

4G 将开放移动互联网的应用场景，其实移动互联网的应用场景和 4G 的普及与开放是分不开的，移动直播互联网的更多应用也需要 4G 的参与。目前，移动互联网的应用范围主要有移动医疗、移动支付、位置服务、物联网、移动搜索、多屏互动等，而直播既是一种基于网络宽带的形式，也是场景的运用。其他领域如移动医疗 App 的数量大约占安卓移动应用的 1.6%，国内医疗健康类 App 已经多达 2000 多款。2013 年电商手机支付规模超过 1.2 万亿元，用户数 1.25 亿，同比增长超过 700%，2017 年规模超过 7 个亿，这充分显示了 4G 技术成熟对包括直播在内的软件的影响。

随着 4G 的普及，移动互联网的应用场景将不断扩大，4G 的成本是 3G 的 1/4～1/3，频率利用率是 2～3 倍，流量承载能力是 10 倍以上。4G 开启了移动互联网时代，移动通信峰值速率平均每年加倍，10 年增长了 1000 倍。

在 4G 的背景下，移动互联网将重塑产业链。OTT 业务兴起，催生了互联网金融，加速向 O2O 业务渗透，如金山软件 CEO 张宏江、华为荣耀事业部总裁刘江峰、高通大中华区总裁王翔就曾讨论过下一个"50 亿"在哪里。王翔认为，在未来将有70亿终端接入互联网,这势必改变人们的生活。刘江峰称,物联网、可穿戴设备带来的不仅是50亿的机会。张宏江则认为,在未来互联网服务商都会是数据的来源,或可以转变成数据供应商。

(二)流量为王

移动互联网飞速发展,使用户对流量需求不断增大。当你还没搞明白到底什么是3G的时候,4G已经开始出现并且可以被运用到直播等互联网事件领域。很多企业在这些方面的研发和创新也是其发展的基础,如中国联通在3G网络上的优势一直遥遥领先,通过传输网络的建设也在LTE上提前进行布局,由于FDD-LTE相对TDD-LTE无论是在技术成熟度、成本还是在时间上都占据优势,即便到了4G时代,联通的网络优势仍会继续保持,这是联通成为移动互联网专家的重要保障。值得一提的是,工信部确定的4G频率可与3G共用,这样有利于联通3G向4G平滑过渡。在4G时代,很多直播企业都力图继续保持网络制式领先优势,以全球成熟的产业链为基石,在未来的竞争中更胜一筹。

三、音频技术的成长

互联网视频技术的出现和发展,使网络视频直播系统可以应客户的要求把活动现场的音频或视频信号压缩,传送到多媒体服务器上,在Internet上供广大网友或授权特定人群收听或收看。

从最开始对数据的采集到后期对数据的编写,整个流媒体技术和数据传输都需要在解码的基础上完成,这样在解码之后才能够进行完整的音频播放,对各种设备,如摄像机、解码机、拾音器:声电转换装置(咪头)、音频放大电路等有着各种各样的利用,多种协议的补充真正让直播有了较好的技术基础。在视频方面,以H.265为主,封装容器有MP5、平板电脑等,这些是视觉播放的重要工具。

音频基本是以一种视频技术为基础的,其中有Opus等,通过早期的构建,足以让整个产品形式得以实现,为直播提供很好的场景。

四、大数据技术成引领

互联网直播分为很多类型,为了有效地提升直播的安全性和固有性,让直播更好地服务于受众,互联网大数据的产生和成长无疑给了直播很大的帮助。

"大数据"是指以多元形式,自许多来源搜集而来的庞大数据组,其往往具有实时性。在企业对企业销售的情况下,这些数据可能得自社交网络、电子商务网站、顾客来访记录，还有许多其他来源。

分布式处理、分布式数据库、云存储和虚拟化技术能让整个行业的空间和价值得到完整的体现，而这也是互联网技术作为核心的一些展示，如果在互联网时代，包括用户数据等都能实现很好的利用，就能让简单的数字变成金钱。

实际上，这几年大数据在直播领域的运用还不是特别流行，但是从目前的市场发展状况来看，对直播用户的数据挖掘和爱好的储备分析能帮助相应的企业实现更大意义的发展。大数据在最开始时的成本很小，但是依靠企业最开始的技术和储存，如果直播企业没有技术将用户观看直播的实时动态进行分析，那么后续就不能依靠这种数据来实现价值突破。这项技术在自己用时将会非常受益，因为成本会降低；当这项技术作用在客户身上时，客户也会受益。能够让客户和自己同时受益的技术，就是最有商业价值的技术。所以，大数据并不只是喊口号的空话。商业化需要一个过程，就现在看来，大数据还是属于雷声大雨点小的阶段，所以才会让很多人认为大数据炒作的嫌疑更大。

虽然大数据并不仅仅局限于技术的显示，但是 Hadoop 系统的技术已经在事实上获得了认可，因此，在讨论大数据最核心价值的同时，也不能脱离 Hadoop 系统的技术。大数据的发展前景十分广阔，有很厉害的实现形式，同时也是一种革命性的科技进步，从目前的情况来看，这种技术使互联网技术和纳米等前沿技术一道成为人们未来发展的新方向。人们通过各种手段实现了较大的转型，或许以前人们觉得数据并没有多大的价值，但当大数据朝着时代化的方向前进时，就会创造出各种各样的新机遇。

大数据到底有什么作用？对直播而言，大数据能让人们对直播认识得更清楚，只要直播存在或者直播被用户所关注，那么数据就会产生，数据产业也就可能产生价值，而这是人与人之间最为直接的方式。

大数据技术离每个人并不遥远，离互联网和直播更近，就其对生活的影响而言，这种技术在生活中的影响已经非常明显，甚至已深刻地渗透到日常生活消费里面。这也说明我们不能逃避直播带来的数据化影响，数据可以被变成模型，模型能变得更具有高效性和完整性，通过大数据我们能分析一切、发现一切，利用大数据技术提升我们的生活环境，提升我们的工作和收入，提升我们衣、食、住、行各个方面的日常消费情况，也能使自身更好地认识自己，而企业则能更为有效地实现商业模式的突破。

五、人工智能化的直播运用

互联网信息科学技术里面包括了云计算、大数据、物联网等几个方面,但是不可忽视的是,在直播技术领域人工智能也是相对重要的。有人说直播仅仅是人和视频的互动,不涉及智能化,这种观点是不正确的。人工智能是智能化的人工模式,也是人工手段的智能化变动,人工智能看起来是将所有的东西都智能化了。"人工系统"是人的复杂的知识系统,而直播软件和空间可以利用其更好地为受众服务,给我们带来良好的用户体验。

人工智能是对信息和思维模式的一种改变,其会让直播结构发生变化,让技术更加体现在直播互动里面,诞生人们所谓的"类人脑",它具有功能模拟作用,可以对现代人的思维进行模拟,帮助人们实现更好地直播,也帮助用户更好地理解和享受直播。直播模式最开始被运用于机器人领域,这提升了经济社会的发展水平,有效地满足人们的需求。不过对直播而言,人工智能的发展还面临一些问题,这些问题也影响其效率与质量的实现。智能技术往往是一个需要感知的技术,它会根据相应的程序设定和提示做出能够达到目标的一些行为,而这种行为是自动化的,包括了比较复杂的环境。如果要将人工智能的前沿技术运用到互联网直播领域,那么会是一种新的方式,这可以通过好的语言和思维来实现直播的互动化。现在的直播基本是人与人直接性的互动,如果将智能化技术加以运用,无疑能让直播更加贴近和了解用户需要。直播里面是存在系统的,每一种系统都需要支撑这个画面,而智能化的运用可以减少非必要因素的支撑,降低直播成本。随着经济社会的发展和人们生活水平的提升,人工智能技术将实现更大的突破和发展,而这一切都会为互联网经济提供帮助。

第三节 "互联网+"背景下直播电商的主要业务形式

"直播+电商"的形式,不仅提升了互联网中消费者的粘性,而且提高了电商的商品销售转化率,为传统电商创造了一次更大的盈利机会,很多商家也在赶着这个直播的流量红利去做直播电商。那么大家在做直播电商之前,首先要了解清楚直播电商的三种形式是哪些,才能更好地去做直播电商的安排。

一、电商直播形式

电商直播形式主要是在电商平台中直接镶嵌直播功能。电商平台镶嵌直播功能其实已经被许多电商界顶级企业应用。例如，我们常见的淘宝和京东直播等，这些采用的都是直接在平台中内嵌的直播功能，也就是把直播作为电商平台的附属品存在。这种形式的特性主要是：利用电商平台的流量带动直播流量，等直播平台拥有充足的固定流量之后，再利用直播流量反哺电商。

采用这种形式的电商，多数倾向于利用网红、明星等推广一些性价比高、价格可以被大多数消费者接受的"大众消费品"，在短时间内达到促销的目的。如果直播营销的效果足够好，甚至能够让一些"平价"商品脱销。

这种会在短时间达到"促销效果"的"直播＋电商"形式，能够被大多数喜欢网购的年轻人所接受，并且能让这些年轻人在观看直播的时候潜意识地接受商品，并产生购买的想法。所以，"直播＋电商"是目前大多数电商平台最喜欢用的形式。

二、短视频直播形式

短视频直播形式主要是在短视频平台中出现，借助商品的链接去跟电商平台建立联络。比如我们常见的抖音直播、快手直播，其实这种很大一部分都是经过其短视频的平台去做直播的孵化，用户观看短视频的时候能够直接观看直播，点击视频中展示的商品购买。这种形式的特性也很明显，大部分专业直播平台的利益来源还是以吸引粉丝为主播打赏为主。

三、直播电商形式

最后一种直播电商形式，就是直接是以直播为主打的内容电商平台，这一类的形式才是真正的直播电商形式。目前直播电商中应用得比较多的，主要是应用在美妆行业和跨境行业上，通过直播的方式来现场展现商品，解决用户的疑问，直接促成交易。这种方式使流量的变现渠道变得更加广泛，强化了直播营销可执行的内容。

第四节 "互联网＋"背景下直播电商创新发展

第一，直播电商有其自身的优势，随着5G时代的到来，未来直播将延伸至其他各种细分领域，尤其"直播＋电商"将大放异彩。

未来"直播＋垂直领域"将迎来契机，例如，"直播＋电商""直播＋教育""直播＋音乐""直播＋电竞""直播＋公益"等。随着5G时代的来临，未来将有更多的细分领域通过"直播＋垂直的方式"呈现。

(1)"直播＋电商"有其自身的优势。大部分主播有其自身的亲和力，且产品的性价比较高。为了吸引并维护好自己的粉丝，主播视粉丝为自己的"家人"，并为大家提供性价比高的产品，同时利用其规模效应与品牌效应，将产品的价格降到最低，提供更好的服务，从而得到自己粉丝忠实的支持。

(2)直播电商的商品讲解全面，与消费者互动性较强。主播在直播间销售商品时，会将产品的各种知识与优点比较全面地讲解清楚，并在直播间试用，同时与消费者做各种互动活动。消费者的疑问可以通过直播间与主播的互动得到解答，商品的优点与卖点也可以通过主播得到更好的介绍与放大。

(3)直播电商内容多样化，主播的控场能力与个人魅力让购物体验更有趣。直播电商的主播，从另一方面来说像一位脱口秀表演者，他们通过自己娴熟的控场能力与表演技能，让消费者获得更好的购物体验。

(4)5G网络的逐渐普及，让直播间购物的视频与产品图像可以更加真切地展示给消费者，增加产品的辨识度，加强消费者购物体验。5G网络的普及，让网速大大提升，高清的视频图像让主播能够将商品更加清晰地展示给消费者，让消费者如临其境。尤其是一些如珠宝、首饰等需要向消费者展示产品实际效果的产品，将在5G网络普及的时代得到更加完美的展示。

(5)直播电商，销售产品的同时也在不断地沉淀流量。主播通过销售高性价比的产品，或者提供高质量的内容，可以继续不断地吸引新的粉丝，逐步扩大自己直播间的流量沉淀，培养自己的精准粉丝。每个人都有自己的个性，个人直播间既是卖货的场所，也是展现自我风采与魅力的舞台。主播可以通过在直播间展示自己的才华、才艺、优势等，来俘获粉丝的心，提升自己流量的粘性，并为消费者二次消费、多次消费奠定基础。

(6)直播电商销售的产品几乎没有边界。随着电商主播的粉丝量、粉丝粘性与粉丝对主播信任度的增加，很多商品都可以通过直播间进行秒杀销售活动。

(7)直播电商销售的产品与线下常规产品相比，价格反差明显。直播电商通过产地直供、高性价比、品牌补贴、限量秒杀等活动，让直播间的产品与线下常规销售的产品的价格拉大，反差明显，可以让消费者实实在在地感受到产品的实惠。

第二，现在的直播行业还只是预热，真正的风口即将到来。各大平台持续加码直播电商，平台间竞争激烈。

直播电商是一条新赛道，淘宝、快手、抖音都已经开始跑马圈地，淘宝直播 2019 年初发布直播 App，并定下三年直播交易破 5000 亿的目标。在 2019 年 3 月份，淘宝直播启动"启明星"计划，目前已有超过 100 位明星入驻淘宝直播。

微博也想分一块蛋糕。2019 年 3 月份，微博放开电商服务平台申请入口，在直播方面，微博电商直播与淘宝打通。快手也在不断地优化与升级平台系统，出新规，做规范，2019 年 5 月份，平台将所有产品品类标注完成，并鼓励用户通过平台进行直播带货变现。京东近年进行供应商匹配政策，发布"直播双百"计划，预期孵化 100 个千万级电商主播，拥有"自家"特色。

第三，私域流量、粉丝经济、直播电商将成为未来电商模式的一种常态。

随着越来越多的个人、商家、机构等涉足直播电商领域，未来将会沉淀越来越多的个人私域流量池。其中一些机构或组织将创造一批"网红大 V"，但更多的是众多的商家个人流量。

未来将有更多的商家逐渐入驻快手、抖音等直播平台进行直播带货。直播电商将成为未来众多商家营销手段的一种常态。

第四，直播电商的发展将创造一大批网红，并催生一批网红品牌。

随着一些机构组织下直播电商大 V 的流量提升和粉丝量的暴涨，其网络影响力也将越来越大。而随着这些网红带货能力的提升，定制自己品牌的个性产品，将成为这部分主播的内在需求，于是将催生出一批带有网红色彩的新品牌的诞生。

第五，工厂直播，原产地直播，源头直播等驻场直播将越来越多。

由于直播电商的特殊属性，主播往往为了省去中间环节及提高发货与物流配送的速度，更多的网红选择驻厂进行直播秒杀活动。同时，这些工厂的源头也为了能够提升产品的销量及与更多的网红合作，都会给予这些网红特别实惠的价格及优厚的待遇。目前，类似的源头厂家有很多。

◇第三篇 实践篇◇

实践一　江苏农村电子商务发展的对策建议

一、江苏农村电子商务发展现状

截至 2020 年 6 月底，阿里研究院在全国发现 5425 个淘宝村、1756 个淘宝镇。江苏省 2020 年共有淘宝镇 248 个，淘宝村 664 个，较 2019 年 615 个上升 7.3%。江苏农村一直都有着较高的城镇化水平，以乡镇命名的工业园区有着很大的规模，围绕当地支柱产业，形成了一批带有明显地域特色的产品，如海门叠石桥家纺、宝应曹甸镇的早幼教玩具、阳澄湖大闸蟹、沙集板式家具、沭阳花木市场等，都已形成较为完整的生产能力。一方面，这些乡村特色明显的加工品在一定区域内集聚，而且形成了完整的产业链，规模效应急剧增加，已成为农村电子商务的排头兵和领头羊；另一方面，江苏有着丰富的农产品资源，阳澄湖大闸蟹、海门山羊肉、阳山水蜜桃、盱眙龙虾、南京雨花茶、高邮咸鸭蛋等特色农产品已经成为农产品电子商务的主力军。

二、农村电子商务发展模式

（一）"农业＋物联网"模式

农业物联网是以感知为前提，实现人与人、人与物、物与物全面互联的网络，为农产品生产提供监控作用。物联网电商应用通常包括智能库存管理系统、物联网的物流系统、物联网的支付系统、物联网电商的未来等几个方面。Morning Six(M6)是一家连锁型的社区生鲜超市，提供生鲜产品配送服务，每天有 4 次配送。目前，M6 超市在全国拥有 40 多家店铺，10 万余实名会员。M6 生鲜超市的成功，与其数据化的管理模式是密不可分的，而其管理模式就是建立在物联网技术的基础上。超市内的所有物品一经收银员扫描，总部的服务器就能够马上进行记录，为总部进行分析提供了基本数据，比如，知道哪个门店销量最好，哪些消费者买了什么。在细节上，M6 的收银模式远比其他的连锁超市更加完善，比如，顾客的退货要求及相关情况，这些信息全都被写入了后台数据库。除此之外，M6 的服务器还包括采集天气数据，分析不同节气和温度下，顾客的生鲜购买习惯会发生哪些变化。这种物联网与电商相结合的方式在 M6 的精准订货、存储和精准配货等环节都发挥了关键作用，有效地保障了库存的稳定减少量。

(二)"农产品+众筹"模式

对于想发起农业类众筹项目的个人或企业而言,首先需要对与农业众筹相关的方面有所了解,这是发起农业众筹项目的基础。与大多数行业的众筹模式不同,农业电商类的众筹模式根据实际的内容、对象以及形式的不同,分为有着不同特点的三种类型,分别是种植类产品众筹、养殖类产品众筹、休闲类产品众筹。目前种植类产品受众广泛,在行业项目总数中的占比较高。

(三)"农业平台+B2B"模式

B2B模式是指企业与企业之间通过互联网进行产品、服务及信息的交换。B2B模式是电子商务中历史最长、发展最完善的商业模式,它的利润来源于相对低廉的信息成本带来的各种费用的下降。企业间的电子商务是电子商务领域的重头戏,尤其是在农业中,同样以B2B模式为主。在农业电商平台中,B2B平台根据内容的不同主要分为三种类别,分别是农资、农产品和食材配送。农资就是农用物资,一般是指在农业生产过程中用以改变和影响劳动对象的物质资料和物质条件。比如云农场农资平台,其核心是农资产品,除了化肥、种子、农药、农机交易以外,还提供测土配肥、农技服务、农场金融、乡间物流、农产品定制化等多种增值服务。目前,云农场建立有300多家县级服务中心,2万多家村级服务站,覆盖10余个省区。

(四)"农业+互联网金融"模式

从农业生产过程来看,由于生产投入与收成加款存在较长的时间,资金的周转就成了问题。农业互联网金融就是解决农业生产周期中存在的资金问题,为用户提供更好的生产环境。大北农从1994年发展至今,已经成为以饲料、动保、种业、植保为主体的科技产业。目前,企业拥有5 000多名员工,40多家生产企业、分公司和500多家专营店,1 000多个县级知识服务站。在企业的发展目标中,以智农网及智农通为核心,以智农云服务、智农商城网、农信网为内容,覆盖线上线下的农业互联网与金融生态圈,实现从饲料、种子农资采购到生产管理、产品销售、金融服务的全链条综合服务。

(五)"休闲农业+乡村旅游"模式

休闲农业电商平台主要分为三种模式:综合型电商平台、全国性电商平台、区域化电商平台。其主要作用:一是平台能及时、真实地采集、分析和发布休闲农业与乡村旅游行业的相关信息,从而更有效地服务于大众的休闲消费需求。二是能提高区域内休闲农业的知名度和影响力,尤其是对于区域化的电商平台而言,是打造区域休闲农业品牌的重要步骤。三是通过整合区域休闲农业与乡村旅游资源,形成健全的服务管理体系,推动产业由无序向有序发展,从而提升发展水平和质量。四是作为产业链的一部分,全面推介区域休闲农业精品线路、优质景区景点、生态农产品和休闲旅游产品,助推整个产业加快发展。

(六)农业线上线下(O2O)模式

O2O是指将线下的商务机会与互联网结合,让互联网帮助农户销售更多的农产品,并与消费者建立信息对接,是农业O2O发展的核心思想。遂昌县生鲜农产品O2O,是以县为单位进行农产品电商运作,体现了真正的互联网思维,也就是专注、极致、口碑和速度。遂昌县的生鲜农产品占网销的25%,并且依靠互联网形成了从农产品销售到线下农家乐体验的O2O闭环。

(七)农村直播电商模式

直播电商的兴起,引来了巨大的流量。在各大电商社交平台出现了各类人群的直播电商活动,如县长、镇长、村主任、农场经营者纷纷直播带货,电商直播正在改变农村的商业模式,直播带货成为致富新途径。

三、江苏农村电子商务发展建议

(一)提升政策扶持力度

农村电子商务的发展,离不开政策支持。地方政府要创造良好的投资环境,制定积极的电商政策,提高电子商务经营者的积极性,鼓励广大农民进行农产品网络销售,促进农村电商的健康发展。

1. 建设新型农村日用消费品流通网络

商务部等19个部门《关于加快发展农村电子商务的意见》指出,支持电子商务企业渠道下沉,加强县级电子商务运营中心、乡镇商贸中心和配送中心建设,鼓励"万村千乡"等企业向村级店提供B2B网上商品批发和配送服务。

2. 加快推进农村产品电子商务

农业农村部《农业电子商务试点方案》指出,重点在鲜活农产品电子商务方面开展试点,采用"基地+城市社区"直配模式及"批发市场+宅配"模式,建立鲜活农产品电商标准体系。

3. 鼓励发展休闲农业电子商务

农业农村部《农业电子商务试点方案》指出,在休闲农业电子商务方面开展试点,以采摘、餐饮、住宿、主题活动、民俗产品购销等为主要服务内容,建立统一的休闲农业线上推介、销售、服务平台和质量监督体系，实现乡村旅游线上直销，推动形成线上线下融合、城乡互动发展的休闲农业产业链。

4. 培养农村电子商务人才

共青团中央《关于实施农村青年电商培育工程的通知》指出，围绕电子商务实操、网络市场营销、物流配送等内容，采取集中式、片区式互联网远程教育等形式，为农村青年提供电子商务技能培训，帮助农村青年掌握网络店铺申请、网店美工、产品设计与发布、在线沟通、订单处理、网络支付与安全、营销技巧、售后服务等实用技能。

5. 完善农村物流体系

快递企业与农业、供销、商贸企业的合作，打造"工业品下乡"和"农产品进城"的双向流通渠道，下沉带动农村消费。

6. 加大金融支持

加大对电子商务创业农民尤其是青年农民的授信和贷款支持。简化农村网商小额短期贷款手续。符合条件的农村网商，可按规定享受创业担保贷款及补贴优惠政策。

（二）加强农村基础设施建设

农村电商要想得到快速发展的重要基础是相对完善的电商基础设施，物流配送网络和配套网络设施则是建设的重中之重。一方面，要建立健全农村物流配送体系，不断优化农村资源配置，进一步降低农村物流成本，探索适合农村电商的快递服务站点；另一方面，要强化农村互联网基础建设，鼓励农民学习如何使用信息网络，如何利用网络为农业发展服务，带动农民致富。

（三）加强农村电商人才培养

一是搭建电子商务公共服务平台，借助人社局财政支持，聘请第三方专业人员，提供电子商务相关政策、信息发布、视频课程等服务。深入推进分层培训机制，不断壮大基础规模，提升专业人才素质。结合"电子商务进万村"工程，以村级电商服务点为基础，发动乡村青年、大学生村官、农村两创实用人才等积极参与。二是引进高校农业种植及农村经营类专业人才。尤其是在"互联网＋"时代，注重农村电商人才的培养和引进，政府在许可范围内给予政策倾斜。譬如江苏工程职业技术学院和海门区组织部联合进行大学生电子商务村官培养项目，培养更多的农村电商经营类人才。政府应对电子商务人才给予优惠条件和补贴，引导他们进入农村后发挥"传帮带"作用，能够培养一批留得住、用得上的热爱三农、致富三农的人才队伍，为发展农村电子商务提供强有力的信息与人才支持。

(四)大力推进农产品品牌与标准化

当地政府应加大提升农产品品牌影响力，快速推动农产品的质量标准、外观形象包装、品牌形象、网络销售策略。联合当地农委、农技站、行业协会，高标准推进农产品质量等级分类、重量分类、包装分类等国家标准，形成集群优势，降低公共资源的消耗，为实现现代农产品网络销售形成良好态势。

(五)加快构建农产品网络销售体系

一是要构建多元的农产品网络销售体系。以淘宝特色馆、京东特色馆等平台，打造农产品网络销售平台，积极拓展农产品跨境电商出口，积极探索农生鲜、农产品网上直销模式，构建多层次的农产品网上批发渠道。二是创新农产品网络营销策略。拓展和丰富农产品网络销售模式，健全农产品网络营销服务体系，强化产品溯源、信用等保障体系。

(六)以"电商村"为抓手引领发展

以江苏省政府认定的"电商村""电商镇"为基础，在形成特色农产品网络销售、做优做强地方特色产业、新农村电子商务建设等方面，已经起到了很好的示范带头作用。当地政府应进一步拓展电子商务在新农村建设过程中的广度、深度和影响力，进一步撬动农村电商的经济活力和增长点。一是结合当地农村人才的特征以及当地特色产品和产业，有针对性地、分层分类进行专题培训、榜样示范、观摩学习、分类指导等，引导更多的青年人投身于农村电子商务，培育一批农业经理人，带动百姓致富，形成更具规模效应的电商村、电商镇。二是发挥榜样示范效应，组织相邻村落组团合作，做强做优产业集群带，形成区域联动发展，带动种植业、养殖业和传统加工业发展。三是根据农村产品特色，多平台错位发展，积极创新网络销售模式，借助当下主流平台，有针对性地提供个性化产品和订单定制服务，建立质量标准，避免相近镇村同质化恶性竞争。四是建立电子商务产业园，引入专业团队或公司，通过人社局搭建农村电商公共服务平台，提供农村电商一站式服务网络，从而形成电商镇、电商村的核心竞争力。

随着农村电子商务的不断深入推进，各类"淘宝村""电商村"既能让在外工作人员随时品尝乡味，又给农村居民提供了创业致富的机会。以电商示范县建设为引领，通过人才培训、网络促销、资金扶持、流量导入、模式创新等手段，农村电商必将占领更大的市场份额。

实践二　B2C 电子商务消费者重复购买影响因素研究

一、引言

网络零售作为打通生产和消费、线上和线下、城市和乡村、国内和国际的关键环节，在构建新发展格局中不断发挥积极作用。截至 2021 年 12 月，我国网络购物用户规模达 84 210 万人，较 2020 年 12 月增长 5 968 万，占网民整体的 81.6%。中国网络购物使用率逐年攀升。截至 2020 年 12 月，中国网络购物使用率达 79.1%，较 2020 年 3 月底增长了 0.5%；截至 2021 年 12 月，中国网络购物使用率达 81.6%，较 2020 年 12 月底增长了 2.5%。作为数字经济新业态的典型代表，网络零售继续保持较快增长，成为推动消费扩容的重要力量。2021 年，我国网上零售额达 130 884 亿元，较上年增加 13 283 亿元，同比增长 11.29%。除此之外，该报告还强调在过去的几年中，由于产品信息、售后服务、网上结算、物流交付等因素的改善而导致互联网用户热衷网上购买并且重复购买。这些因素大多数都和网站提供的产品、服务等因素相关。研究人员已经认识到网站服务质量对于消费者在线购买行为的重要性。譬如，Fogg(2002)等发现，当消费者面对 B2C 电子商务平台选择时，消费者关注更多的是网络平台完成整个订单的服务质量。

消费者之所以选择重复购买，是因为在以往的购物经历中体会到产品性价比和对整个销售环节服务质量拥有较高的满意度。调查显示：高满意度的网购群体中，80%的人两个月内会再次购买，90%会向其他人推荐网络零售商；而不满意的消费者中，87%会永远离开网络零售商(Cheung 和 Lee，2005)。消费者满意度是维系客户的重要决定因素，与盈利能力密切相关，是企业营销策略中重要的一环(Johnson 和 Fornell，1991)。高的满意度意味着较高的忠诚度、较高的性价比、较低的交易成本、较低的客户获取成本，并能提高企业声誉，减少失败成本，隔离用户免于竞争对手攻击(Anderson 等，1994)。只有实施全方位的消费者满意度测评，B2C 企业才能拥有更多的消费者并产生持续购买行为(查金祥和王立生，2006)。

二、模型结构与假设

保持客户购物满意度是 B2C 电子商务成功的关键因素，重复购买的客户以其较高的满意度正向影响公司的销售业绩。因此研究者认为，客户重复购买意味着较高的满意度。在以往的研究中，感知价值和服务质量被认为是满意度的重要影响因素（Hallowell，1996；Fornell 等，1996），同时满意度是忠诚度的关键前因（Anderson 等，1994；Fornell 等，1996；Jonson 等，2001）。Cronin 等（2000）的服务质量（quality）、价值（value）、满意度（satisfaction）模型相对于其他竞争模型能更好地解释重复购买行为。

Hellier 等在 2003 年采用质量、价值、满意度、忠诚度四个指标体系来研究 B2C 电子商务成功的因素。该模型被认为由产品和服务质量、消费者感知价值、消费者满意度相互作用而成，其中质量和价值是前因，满意度和忠诚度是输出结果。这个模型虽然解释了产品和服务质量对于产生客户忠诚度和购买目的是重要的，但并不总是影响消费者购买或重复购买。消费者并不总是购买高质量产品或服务，消费者的购买行为受他感受到的成本和价值是否公平等因素的影响。

美国学者 Delone 和 Mclean 总结前人研究成果，提出了关于信息系统成功的六个主要指标：系统质量、信息质量、服务质量、系统使用、用户满意和网络利益，即信息系统成功模型，解释了消费者态度和他后续的购买行为取决于他对系统、信息及服务质量的信心。D&M 模型紧密联系了质量价值满意度和忠诚度机制，建议消费者忠诚度可用重复购买行为替代，网络利益能够被消费者购买或重复购买行为测量（Ahn 等，2004；Hellier 等，2003）。

基于这两个模型，我们的模型将质量、价值、消费者满意度、重复购买意向作为判断 B2C 电子商务成功与否的基础因素，假设研究模型如图 9-1 所示。

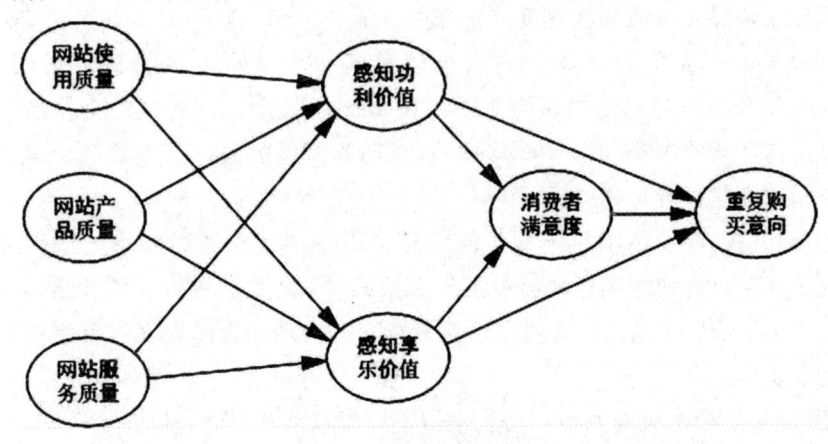

图 9-1　研究模型假设

感知价值得益于互联网购物主要动机，强烈地影响线上和线下的购买意向。

重复购买的前提是消费者对以往的购物经历具有较高的满意度,一般从功效和享乐两方面界定。这个研究聚焦在客户重复购买意向的前提条件是消费者获得较高的功利价值和享乐价值。这些价值在互联网购物研究中已经受到很多关注,但是很少有学者研究他们与网络购物的其他因素之间的关系。

因此,我们尝试研究质量、消费者感知价值如何影响消费者满意度和客户重复购买意向,在后面内容中将试图回答以下问题:网站使用质量、网站产品质量、网站服务质量是否影响网络购物的功利价值和享乐价值?功利价值和享乐价值是否影响消费者满意度和重复购买意向?消费者满意度是否影响重复购买意向?

(一)网络购物价值与满意度

网络购物感知价值直接影响消费者在线购买动机。Babin 等(1994)从购物体验的视角将消费者价值分为功利价值和享乐价值。功利价值反映了购物的任务相关价值,享乐价值则体现了与任务相关活动无关的购物活动本身的价值(Babin 和 Ataway,2000)。功利价值反映了购物作为"工作"的一面,而享乐价值则与购物"乐趣"相关。在一定的时间内完成购买任务会带来功能性的满足感,执行购买任务的同时也可以享受购物带来的乐趣,功利价值和享乐价值并不是截然分开的,购物可以是工作,也可以是娱乐,或者既是工作又是娱乐(Babin 等,1994)。

在网购环境下,功利价值是指实现购买目标获得的效用,享乐价值是指网购引发的愉悦感。不同的消费者价值导致不同的满意度(Ravald 和 Gronroos,1996)。Zeithaml(1988)发现那些认为物超所值的消费者具有更高的满意度。以往的研究支持感知价值和满意度的正相关关系;Mcdougall 和 Levesque(2000)的研究结果显示,在服务产业中感知价值是消费者满意度最重要的影响因素;Paterson 和 Spreng(1997)的研究表明,在 B2B 环境下,满意度完全传递了感知价值对重购意向的影响;Babin 等(1994)对购物价值的验证发现功利价值和享乐价值与满意度呈显著正相关。

虽然互联网购物的动机不同,但大致可以归纳为功利型和享乐型。成功的 B2C 电子商务与消费者满意度和购买密切相关,因此我们提出消费者感知的功利价值和享乐价值影响满意度和重复购买意向,同时消费者满意度对重复购买意向是至关重要的:

H1:在 B2C 电子商务中,功利价值正向影响消费者满意度;

H2:在 B2C 电子商务中,功利价值正向影响消费者重复购买意向;

H3:在 B2C 电子商务中,享乐价值正向影响消费者满意度;

H4：在B2C电子商务中，享乐价值正向影响消费者重复购买意向；

H5：在B2C电子商务中，满意度正向影响消费者重复购买意向。

(二)网站使用质量

网站使用质量是指消费者在使用B2C电子商务平台购物过程中对其技术和功能方面的满意度。根据D&M模型(2003)，系统质量依托于不同因素，通常包括有用性、可用性、可靠性、适应性以及系统的响应时间。尤其消费者使用互联网时的购买意向很大程度上取决于平台的易用性以及对购物平台的信任程度(Brown和Jayakody，2009)。在网络购物的环境中，网站必须为消费者的购买行为提供安全性和可靠性，除此以外还有响应速度和各种便捷的特性。

消费者使用电子商务平台寻找产品信息、在线支付、完成购买。电子商务网站必须提供给消费者便捷的操作步骤和必要的安全保障。在交易过程中，有时必须提供私人信息，譬如银行账号、个人地址信息、联系方式等，这些信息被广泛地传输于交易平台中，通过少量分析，这些数据能够被其他机构所利用，这样自然增加了网络消费者的风险。当消费者感觉他们隐私被侵犯时，他们的热情会有很大程度的下降。而易用性也是影响网站使用质量的重要因素。易用性指方便消费者快速和便捷寻找到消费者所需要的产品。一个易用性比较高的网站能吸引消费者的兴趣，使客户愿意花很多时间去浏览一个网站，并提升消费者的购买体验，进一步增强消费者购买的动机。而且电子商务网站的易用性也会影响消费者购物的功利价值和享乐价值，因为互联网上的消费者通常没有耐心等待长时间的响应时间(Liu和Xiao，2008)。

我们假设B2C电子商务网站使用质量影响功利价值和享乐价值：

H6：在B2C电子商务中，网站使用质量正向影响功利价值；

H7：在B2C电子商务中，网站使用质量正向影响享乐价值。

(三)网站产品质量

网站产品质量是指用户对B2C电子商务平台购买产品质量和价格的满意度水平。因为网络购物相对于传统商务而言，消费者不能真正接触到所购买的产品，产品质量是由消费者根据以往购买经历、供应商信誉以及B2C平台上产品的描述信息等要素构成。因此，网站产品质量的高低通常包括购物经历(满意度水平)、产品信息质量、卖家信誉、产品价格四个维度。正因为如此，目前的研究认为感知产品的性价比是影响感知价值的主要因素。

卖家信誉涉及消费者感知卖家的公共形象、创造力、产品或服务质量以及消费者满意度评价。消费者能够基于卖家过去的表现和行为来评价卖家的信誉。信誉联系着品牌的公信力和公司的信用，也是对公司信任的一个符号。而网店中信誉更多依托于消费者对产品或服务的评价，同传统商务而言，B2C电子商务平台更加注重客户的评价内容，因为这些评价内容都是在网上公开并直接影响消费者的购买行为。

总之，当用户可以很容易地搜索所需的产品，并认为该产品或服务性价比比较高时，消费者感知的功利价值和享乐价值都可能会增加(Ahn等，2007)。因此我们认为，提高感知产品质量，能增加消费者购买的功利价值和享乐价值：

H8：在B2C电子商务中，网站产品质量正向影响功利价值；

H9：在B2C电子商务中，网站产品质量正向影响享乐价值。

（四）网站服务质量

网站服务质量是指用户对B2C电子商务平台所提供的服务的满意度。由于网上购物并不需要面对面的接触，服务质量就显得尤为重要(Ahn等，2007)。服务质量包括在线和离线的支持(Delone和Mclean，2003)。线上因素包括订购之前的客服导购、订购反馈、订单响应、客户投诉；线下因素包括物流运输和退换货等。当客户订购好所需产品时，B2C电子商务平台必须立即做好各项准备工作，应对各种客户的需求，包括快捷的交货、订单变更、取消、退货或退款等(Lin，2007)。消费者感知的购物价值被客户认为是严重依赖于如何快速、准确地交付产品后下订单(Zeithaml等，2002)。线下尤其是物流服务，也是影响消费者感知的重要因素。同时，售后服务质量越来越被认可作为互联网购物服务质量的基本要素，它影响客户的感知购物价值以及满意度与重复购买意向(Keeney，1999；Hernandez，2009)。快捷的物流运输和精美的产品包装能大大提升消费者的积极性，并由此带来更大的享受和乐趣。这也是他们选择网络购物的原因。因此我们推测，提高网站服务质量可以提高购物功利价值和享乐价值：

H10：在B2C电子商务中，网站服务质量正向影响功利价值；

H11：在B2C电子商务中，网站服务质量正向影响享乐价值。

（五）重复购买意向

重复购买意向是指消费者根据以往的购物经历中体会到的功利价值和享乐价值而做出是否在同一店铺再次购买的意愿。因此，重复购买意向成为很多研究人员和从业人员关注的焦点。

三、研究方法

（一）问卷设计

基于上述文献我们总结了关于网络购物的质量、感知价值、消费者满意度和重购意向的相互影响，设计了七个测量项目组成调查问卷，每个测量项目由四个问题组成。网站使用质量参考 Delone and McLean(2003)量表设计；网站产品质量参考王祖健的量表设计；网站服务质量来自 Kim，Jin，Swinney 量表设计；感知功利价值和享乐价值参考 Overby 和 Lee 的研究；消费者满意度参考 Zha，Wang 的研究文献；重购意向参考 Khalifa、Zhou 的文献并做了适当修改。问卷第一部分——消费者网络相关经验采用了一般性选择，其余均采用李克特七点尺度，其范围从非常不同意到非常同意，分别给予 7、6、5、4、3、2、1 等级的分数进行评分。在正式进行问卷调查之前，本研究先进行了问卷预测，将问卷在具有经验的 45 个网络购物消费者中进行了小规模发放，以判断问卷问项是否合理有效、语句是否得当等问题。问卷预测之后，对于发现的问题，删除了其中重复的问项，修改了某些提问方式不明确的问项。

（二）数据收集和分析

本研究采用纸面问卷和网上问卷进行调查，纸面问卷主要是由参与研究的人员亲自发放和回收，由于研究组成员从事电子商务教学研究数十年，所以有大量从事电子商务并具有多次购物经验的调查对象，问卷回收率较高；而网上问卷调查主要是通过 QQ 传播问卷地址形式发放和回收，其回收率相对较低。最后共获得 324 份有效问卷，数据获取时间为 2012 年 7 月 1 日至 9 月 30 日，共 3 个月。

信度 α、因子分析和内部一致性检验是用来评价变量的可靠性和有效性。本文主要运用 SPSS 18 进行描述性统计分析及进行因子分析。AMOS 18 是用来测试的研究假设，基本步骤大致为模型构建、模型运算、模型修正和模型检验等。

四、实证分析

（一）描述性统计分析

实证描述统计结果显示：购物人群中女性占多数，为 60.5%；在年龄层次中，网购用户年龄段主要集中在 20~30 岁之间(78.1%)，其次分别是 31~40 岁(15.7%)、41~50 岁(4.9%)。从用户收入水平来看，主要集中在 3 000~5 000 元之间的中等收入水平消费者，占 38.3%，其次是 5 000~10 000 元之间的消费者，占18.8%。从用户消费水平看，每次购物金额以100～300元居多，占56.4%。本次收集样本旨在研究用户重购意向，为此在发放问卷时以有多次网购经验的用户为主，从结果看，拥有2～3年网购经验的人数最多，占34.6%，其次分别是4年以上（31.2%）、3～4年（15.4%）、1～2年（13.3%）、1年以下（5.6%）。

（二）数据的信度和效度检验

信度（reliability）是指对同一测量数据可靠性或稳定性的程度。首先本研究利用SPSS18对所有测量指标进行信度检验，Cronbach's α值为0.95，显著大于0.7，说明本研究问卷数据总体信度很好。然后分别对七个研究变量进行信度检验，各个维度的Cronbach's α系数分别为0.90、0.85、0.90、0.89、0.93、0.77和0.83，均超出最低标准0.6。最后利用AMOS 18进行验证性因子分析，得到各个测量指标的标准化载荷系数。为保证组成信度，要求标准化载荷系数高于0.5，因此删除了CS2、RI3两个标准化载荷系数小于或接近0.5的测量指标。通过表9-1看出，本研究中的各个标准化因子负荷系数在0.65～0.88之间，远超过所能接受的0.5的标准；其次，在综合信度的分析方面，各个潜在变量的CR值介于0.76～0.90，明显大于建议的最小临界值0.5，表明测量模型具有较好的内部一致性；并且，本研究计算出量表的AVE值在0.52～0.69之间，从而满足了有关AVE应该大于0.50的标准，这充分显示测量模型有着极强的收敛效度。综上所述，本研究通过信度分析和探测性因子分析后，证明了理论归纳出的维度与概念性维度符合。

表9-1　因子荷载及信度分析

建构	指标	荷载因子	可靠性	C.R	AVE	建构	指标	荷载因子	可靠性	C.R	AVE
网站使用质量	UQ1	0.80	0.90	0.86	0.61	感知享乐价值	HV1	0.80	0.90	0.86	0.61
	UQ2	0.78					HV2	0.88			
	UQ3	0.81					HV3	0.86			
	UQ4	0.74					HV4	0.79			
网站产品质量	PQ1	0.65	0.85	0.83	0.55	客户满意度	CS1	0.71	0.85	0.83	0.55
	PQ2	0.71					CS2				
	PQ3	0.81					CS3	0.68			
	PQ4	0.78					CS4	0.80			

续表

建构	指标	荷载因子	可靠性	C.R	AVE	建构	指标	荷载因子	可靠性	C.R	AVE
网站服务质量	SQ1	0.76	0.90	0.86	0.60	重购意向	RI1	0.75	0.90	0.86	0.60
	SQ2	0.76					RI2	0.65			
	SQ3	0.81					RI3				
	SQ4	0.77					RI4	0.76			
感知功利价值	UV1	0.74	0.89	0.83	0.55						
	UV2	0.81									
	UV3	0.71									
	UV4	0.70									

效度（validity）主要通过内容效度和结构效度来进行评价。本研究的问卷题目主要来源于相关文献，并根据预测结果进行修改，因而保证了内容效度。区别效度通常以不同变量之间相关性程度与此变量平均变异数抽取量（AVE）的平方根之间的差异程度加以衡量。表 9-2 显示了各个研究潜变量的区别效度检验情况，其中对角线数值为 AVE 的平方根，对角线下方数值为不同潜变量间的相关系数，可以看到，全部七个潜变量的 AVE 值的平方根大于该潜变量与其他潜变量之间相关系数，说明潜变量之间具有良好的区别效度。

表 9-2 相关系数及 AVE 平方根

		1	2	3	4	5	6	7
网站服务质量	1	0.77						
网站产品质量	2	0.55	0.74					
网站使用质量	3	0.58	0.54	0.79				
感知享乐价值	4	0.44	0.54	0.53	0.83			
感知功利价值	5	0.67	0.62	0.54	0.42	0.74		
消费者满意度	6	0.55	0.54	0.48	0.51	0.67	0.73	
重复购买意向	7	0.55	0.53	0.48	0.53	0.65	0.61	0.72

（三）结构方程模型和回归假设

模型拟合主要是对模型参数进行估计和对模型进行评价。本文利用 AMOS 18 建立结构方程模型并进行了验证性因子分析，使用最大似然估计（Maxium

Likelihood Estimcate)进行模型参数估计,得到的拟合结果为:$\chi^2=1024$(df=356,p=0.000),RMR=0.046(RMR<0.05合适),RMSEA=0.025(RMSEA<0.05合适),IFI=0.912(IFI>0.9合适),CFI=0.874(CFI>0.9合适)。各项拟合指数非常合理,理论模型与样本数据间可以适配。为了考察参数估计结果是否具有统计意义,需要对载荷系数和路径系数进行显著性检验,可以通过AMOS提供的临界比值CR(Critical Ratio)做出判定。通过数据分析,参数估计结果比较理想,潜变量及其测量指标间的载荷系数都大于0.5,潜变量之间的路径系数的CR显著(一般要求CR>1.96),相关的实证结果如表9-3所示。除了假设H11没有获得支持外,其余假设都得到有效验证。

表9-3 路径系数及回归假设

假设	Estimate	C.R	假设结果	假设	Estimate	C.R	假设结果
H1	0.58	10.20	支持	H7	0.38	4.45	支持
H2	0.27	3.46	支持	H8	0.39	4.94	支持
H3	0.13	3.89	支持	H9	0.60	4.75	支持
H4	0.08	2.50	支持	H10	0.47	6.48	支持
H5	0.80	6.94	支持	H11	0.14	1.30	拒绝
H6	0.10	1.98	支持				

五、研究结论与启示

(一)结论与讨论

大多数现有的研究都采用信息、系统和服务质量作为电子商务企业成功与否的判断因素。但本研究是基于消费者已经具有购物体验而再次选择B2C电子商务平台购物的情况,所以采用测量的条目与之前的电子商务企业成功的标准有所区别,更多的是站在消费者角度来考察消费者的感知,从而将研究变量修改成网站使用质量、网站产品质量和网站服务质量。通过实证研究发现,消费者感知的功利价值和享乐价值都能正向影响消费者满意度和重购意向,满意度也极大地影响着消费者重购意愿。也就是说,要想让消费者在B2C购物网站进行重复购买,B2C网站必须提升消费者的购物感知,包括享乐价值。因为网络消费者评价在购买产品或服务的时候,还需得体验因购物带来的兴奋、娱乐和实用的感受。

在本研究中显示,网站使用质量正向影响消费者的享乐价值显著,而对功利价值影响并不明显。我们认为，目前 B2C 电子商务平台功能设计相对成熟，在完成商品导购、订单结算支付、物流发货等基本服务方面差别不大，但各个 B2C 网站的交互性给消费者互动感受带来的黏性会影响消费者的享乐价值。

本研究中发现网站商品质量极大地影响消费者的感知价值。消费者并不关注网站信息本身质量，而是关注产品描述信息和收到实际产品质量的对比以及用户对该产品评论而形成的供应商的信誉。我们的研究表明，若消费者之前已有该网站购物体验，消费者更关注的是所购买产品的性价比形成的产品质量，而不是单纯的信息质量。

我们还研究了网站服务质量方面，网站服务质量正向影响了消费者的享乐价值，但对消费者的功利价值影响不显著。客服导购、物流、包装等服务欠佳都会给消费者带来不好的购买体验，从而影响消费的享乐价值，而在订单完成后，整个商品的实际功效并没有改变。这个结论也与目前在中国 B2C 购物时顾客常常遇到比较糟糕的物流服务情况相吻合。

（二）管理启示与建议

我国的 B2C 电子商务发展还处于起步阶段，但是同质化竞争已经非常严重。B2C 电子商务企业要想在今后以低成本赢得持久的经营业绩，必须重视消费者购物体验带来的重复购买意向。结合本研究的结果，B2C 电子商务平台必须从网站使用质量、网站产品质量、网站服务质量入手，提高消费者的购物感知，才能获得更多的满意度和重购意向。B2C 电子商务平台首先要重视网站的交互性建设，以此来提高用户的黏度，进而获得消费者购物享乐价值的提升。其次是提高网站产品质量。在网络交易环境中，消费者不仅重视网站销售的商品自身质量是否有保障，网站中所描述的商品信息的真实性及店铺的信誉评价等也被认为是商品质量的一部分，这些都会对网络消费者的购物感知价值产生重要影响。最后应注重 B2C 电子商务网站服务质量的提升。因为 B2C 电子商务平台货物交付之前的工作都是通过虚拟的网络完成，加之消费者选择网络购物不仅仅是关注购买商品的价值，而更多的是体验网络购物带来的乐趣。

参考文献

[1]李军.电子商务创新创业[M].北京:北京理工大学出版社,2020.

[2]洪友红.互联网法律实务指南[M].上海:上海交通大学出版社,2020.

[3]谢永江.印度互联网的发展与治理[M].北京:北京邮电大学出版社,2020.

[4]陈跃,黄楚峰,李军.汽车电子商务[M].上海:上海交通大学出版社,2020.

[5]沈易娟,杨凯,王艳艳.电子商务与现代物流[M].上海:上海交通大学出版社,2020.

[6]王慧,夏霍,徐广辉.电子商务法律法规[M].上海:上海交通大学出版社,2020.

[7]马效峰,冀秀平.产业互联网平台突围[M].北京:机械工业出版社,2020.

[8]史浩.互联网金融支付(第2版)[M].北京:中国金融出版社,2020.

[9]王丽娟,信丽媛.乡村电子商务实用技术[M].天津:天津科技翻译出版有限公司,2020.